KAWADE
夢文庫

一番わかりやすい!
SDGsのざっくり知識

国際時事アナリスツ[編]

JN067122

河出書房新社

カバーイラスト◉123RF
本文図版◉新井トレス研究所
協力◉岡本象太

SDGsの課題はあなたの生活と直結している——まえがき

「世界には飢餓《きが》で苦しんでいる人が何億人もいます。いま、私たちにできることはなんでしょうか？」

そう言ってSDGsの話を始める人もいます。

「男女平等なんてしょせん建前。男性だって普通に育休が取れる社会になるべきよ」

そう言いながら「やっぱりSDGsでしょ」と語気《ごき》を荒《あら》げる人もいます。

おそらく多くの方は、「SDGsってなに？」とよくわからないながらも、環境や人権に関係することなのだろうと漠然《ばくぜん》と捉《とら》えているのではないのでしょうか。

SDGsという言葉が、よく聞かれるようになったのは比較的最近のことです。1つの契機は、2018年、国連が発表した「1・5度特別報告書」と題した次のレポートでした。

地球の平均気温は年々少しずつ上昇していて、このまま上昇を続けていけば、いずれ産業革命前に比べて2・0度上昇するだろう。そうなると、大雨や台風が頻繁《ひんぱん》に起こり、洪水の被害が広がり、一方で、干ばつや山火事が頻発《ひんぱつ》するなど、地球は自然災害によって危機的状況に陥《おちい》るだろう。それをなんとか軽減するためには、上昇幅を1・5度未満に抑える必要がある。

衝撃的だったのはその期限です。レポートは、早ければ2030年に上昇幅1・5度に達するだろうと予測しています。

これを聞いて、真っ先に反応したのは若い世代でした。2030年といえばもう目前です。大人たちの無責任な開発によって、自分たちの世代がツケを払わされるのはたまらない。いま、気候変動に歯止めをかける活動に真剣に取り組むべきだと声を上げ始めたのです。

このレポートの中で、気候変動とSDGsとの密接な関連について触《ふ》れられています。SDGsが掲げる課題は2章で見ていくように気候変動だけではありませんが、気候変動によって被《こうむ》る被害は、貧困《ひんこん》及び不利な状況に置かれた人たちほど大きいと指摘しているのです。

気候変動は、もはやシングルイシューではなく、世界が抱えるさまざまな課題と連動して取り組まなければ解決できない問題と認識されるようになったのです。

このようにして、世界的に気候変動への危機感が高まるとともに、SDGsの重要性にスポットが当たり始めます。

SDGsってよくわからない、という人のなかには、「幅が広すぎて、捉えどころがない」という人も多いと思います。しかし、その幅の広さこそ、SDGsの本質だとも言えます。

この本は、そういった事情も含めて、SDGsが〝社会活動の業界用語〟ではなく、一人ひとりの生活者に関係のある身近な課題であることを知っていただけるようにと、企画されたものです。

コロナ後の世界を読む、あるいは、自分自身の暮らし方や働き方を改めて考えるヒントになれば幸いです。

国際時事アナリスツ

一番わかりやすい！　ＳＤＧｓのざっくり知識◎目次

序章　ＳＤＧｓはいつ、なんのためにつくられた？

1章　どうしてＳＤＧｓを推進しないといけない？

2章 《17の目標》から基本の「キ」を知る

3章 いま、企業はSDGsとどう向き合っている？

4章 日本の取り組みはどこまで進んでいる？

5章 暮らしの中にあるSDGsの身近な課題

6章 SDGsの成熟で変わる未来のライフスタイル

序章 SDGsはいつ、なんのためにつくられた？

そもそもSDGsってなに？

SDGsという言葉は、2019年あたりから2020年にかけて、急激に広まってきた、という感があります。最近ではテレビのニュース番組などでもよく使われるようになり、特集を組む番組などもあるくらいです。

人々の環境に対する意識が高まってきたのはいつの頃なのか、特定することはなかなか難しいのですが、レイチェル・カーソンが『沈黙の春』を出版したのが1962年のこと。この頃から、急速な開発による自然環境への影響を心配する声が上がり始め、その声は次第に高まってきます。1990年代には、「環境に優しい」「地球に優しい」というフレーズが、商品やサービスをアピールするために決まり文句のように使われました。

２０００年頃には、「地球に優しい」に代わって、「サステナブル（「持続可能な」）」という言葉が使われるようになります。語感もなんだか頭良さげでかっこいいことから、いわゆる〝意識高い系〟の人たちが好んで使ってきたわけです。

その後に登場するのがＳＤＧｓ、すなわち「持続可能な開発目標」です。

この「ＳＤＧｓ」という言葉、初めて聞いたときは「なに？」と誰もが思ったことでしょう。とにかく、ＫＰＩだのＢＴＳだのアルファベットの略語というのは、日本人にとってはパッと聞いただけでは意味がわかりにくい、というのが相場です。

そのうえ、小文字の「ｓ」がついて、どう発音していいのかさえわからない（「エス・ディー・ジーズ」と読みます）。

また、ＳＤＧｓの正式名称は「Sustainable Development Goals」、つまり、日本語に訳すと「持続可能な開発目標」です、と聞いてもなんだかよくわからない、と思ったのではないでしょうか。

「なにが持続可能なの？　開発ってなに？　目標ってどういうこと？」という話は、別項でするとして、まず、このSDGsが、いったいいつ頃生まれたものなのか、ということから、話を始めましょう。

SDGsが国連で採択《さいたく》されたのは、2015年9月25〜27日のことです。ニューヨークの国連本部で開催《かいさい》された「持続可能な開発サミット」で、「我々の世界を変革する：持続可能な開発のための2030アジェンダ」という文書が採択されました。名称が長く、「2030アジェンダ」と略されることが多いですが、アジェンダとは「検討すべき課題」ということです。

2030年までに検討すべき課題がこれだけある、と宣言したのがこの文書です。この中に示された17の目標が、「持続可能な開発目標」つまり、SDGsなのです。

国連で採択した、といっても、国連は国家主権に対して強制力を行使できません。ですからSDGsは条約のような拘束力《こうそくりょく》を持ちません。

つまり世界中で協力して推進していきましょう、という〝呼びかけ〟のようなものです。

ＳＤＧｓは17の目標（2章で1つずつご説明します）と、169のターゲット（目標をより具体的に嚙《か》み砕《くだ》いたもの）、232の指標（成果を測《はか》るための項目）で構成されています。

その詳細については、別項で少し詳しく見ていきますが、全体をごく簡単に要約してしまえば、この先、世界の社会、経済、環境がずっと続いていけるように、世界中が取り組むべき目標がそこに示されています。

この十分に検討された17の目標に、いままさに世界中が真剣に向き合おうとしています。コロナ禍《か》で暮らし方、働き方が大きく変わり、新たな生活様式を構築することを求められているこの時代だからこそ、よりいっそう人々が関心をもって注目しています。ＳＤＧｓへの注目は、かつてないほど高まっているように感じられます。

SDGsは誰が、どういう意図で発案したの?

ＳＤＧｓには、その前身ともいえるものがあります。それがＭＤＧｓです。

ＭＤＧｓ（Millennium Development Goals、ミレニアム開発目標）は、その名の通り、西暦２０００年を迎《むか》えたことを機に、その翌年の９月の国連総会で採択された宣言です。

ＭＤＧｓは、８つの目標と21のターゲットでできています。

８つの目標は次の通りです。

目標１　極度《きょくど》の貧困《ひんこん》と飢《き》餓《が》の撲滅《ぼくめつ》
目標２　普遍的な初等教育の達成
目標３　ジェンダー平等の推進と女性の地位向上
目標４　幼児死亡率の引き下げ
目標５　妊産婦の健康の改善
目標６　ＨＩＶ・エイズ、マラリア、その他の疾病《しっぺい》の蔓延《まんえん》の防止
目標７　環境の持続可能性の確保
目標８　開発のためのグローバルなパートナーシップの推進

見てわかるように、ＳＤＧｓよりも一回《ひとまわ》り小ぶりで、その内容も、目標1に象徴されるように、主に発展途上国の経済状態に関するものがほとんどでした。

つまり、途上国の貧困問題、先進国との経済格差をなんとかしないといけない。そのために、先進国が経済的、あるいは人的支援が必要だ、それが目標8の「グローバルなパートナーシップの推進」ということなのです。

このＭＤＧｓは２０１５年を達成期限としていて、実際、２０１５年には、まあ概《おおむ》ね成果を上げることができた、という評価でした。それで、このＭＤＧｓの後継として、それを引き継ぎ、さらに発展させる形で登場したのが、ＳＤＧｓです。

といっても、「ＭＤＧｓの次？　じゃあ、ＳＤＧｓをつくりましょう」という具合に、簡単に事が運んだわけではありません。

ＳＤＧｓをつくろうと言い出したのは、国連の常任理事国でも、ヨーロッパの先進国でもありません。南米のコロンビア、ペルー、グアテマラの３国でした。その中でイニシアチブをとったのはコロンビア、実際に策定《さくてい》に向けて動き出したのは、コロンビアの外務省の環境局長ポーラ・カバジェロ氏でした。

２０１０年代に入りＭＤＧｓがまもなく達成期限を迎えようとする頃、南米は治安も経済も厳しい状況に置かれていました。とくにコロンビアでは、ＦＡＲＣ（コロンビア革命軍）という強力なゲリラ組織が勢力を拡大し、政府と対立していました。

一方で違法薬物の取り締まりを巡《めぐ》ってアメリカ軍が介入し、各地で戦闘が繰り広げられていました。いわゆる「麻薬戦争」です。

つまり、その頃のコロンビアは内戦と麻薬戦争によって、南米の中でも最悪の状態だったというわけです。

そんなとき、２０１２年に同じ南米のブラジルで「リオ＋20サミット」が開催されることが決まっていました。コロンビアや南米各国が直面する困難をなんとかしたいと考えていたカバジェロ氏は、この機会になにか発案すべきだと考えました。

そして、グアテマラやペルーなどにはたらきかけ、「リオ＋20」で、ＳＤ

Gsを策定することを提案します。そしてこの提案が採択され、SDGsの策定作業が始まったのです。

SDGsの中身はどのように決まった?

SDGsは、2012年の「リオ+20」で策定が提案され、3年後の国連総会に提出されました。実際にこの間の3年間で議論され、17の目標や、それを具体的に嚙み砕いた169のターゲットが決められていったのです。では、その中身はどのように決めたのでしょうか。

まず、この課題を議論するために「公開作業部会」というものがつくられました。英語の「Open Working Group」の頭文字《かしらもじ》をとって「OWG」とも呼ばれます。

このOWGは、5つの地域グループの各国から選ばれた30人の専門家で行なうと決められました。世界の国が協力するための目標ですから、世界の国からそれぞれ代表を出せばいいわけですが、それではさすがに話がまとまるはずがありません。そこで30か国と絞《しぼ》ったわけです。

しかし、ではどの国の代表が参加するのか、ということになると、これもまた大きな問題です。どの国も、自国に不利な内容にされては困るので、発言権を確保しておきたいからです。

結局、定員の30席のいくつかを複数の国で共有する、というかたちで議論をすることになりました。ちなみに、日本はイラン、ネパールといっしょに1席を分け合っています。

30人の「専門家」と書きましたが、なんの専門家というと、各国政府から派遣された外交の専門家ということです。

しかし、議論する項目は環境や産業など多岐《たき》にわたり、必ずしも政治的に決めてしまって良いものでもないので、必要に応じてさまざまなステークホルダー（利害関係者）の見解《けんかい》を取り入れています。

つまり、**世界各国（途上国から先進国まで）の代表に加え、経済界、NGO、学者、民間企業など、さまざまな立場からのさまざまな声をすべて吸い上げるようにして、ようやくできあがったのがSDGs**なのです。

3年間でOWGは計13回開催されました。1回の開催で、10日間ほどセッション（会合）が行なわれるので、膨大《ぼうだい》な時間を費やしたことになります。先進国は、国際協力にあたって自国の負担をなるべく軽くしようとするし、途上国は先進国側からなるべく多くの援助を得たいと考える。なかなかタフな交渉の連続だったことが窺《うかが》えます。

最後のセッションは、予定の日程を2日延長して行なわれ、ようやく発表直前に参加国全員の合意を得られたというのが、ＳＤＧｓ成立のストーリーです。

1章

どうしてSDGsを推進しないといけないの?

地球はいま、かなり危険な状態にある

「人類が環境に影響を与えている、地球が危ない！」と言われるようになって、半世紀以上になります。たしかに、大気汚染、海洋汚染などさまざまな環境に関する問題は年々深刻化《しんこく》しているように見えます。

では、実際のところどうなのでしょう。人類は、環境にどのくらい影響を与えているのでしょうか。地球はいま、どのくらい危険な状態なのでしょうか。それを科学的に評価することはできないのでしょうか。

それについては、「**プラネタリー・バウンダリー（地球の限界）**」という研究成果があります。

スウェーデンのヨハン・ロックストローム博士を中心とした科学者グループが提唱《ていしょう》したもので、９つの項目について、この範囲内であれば、人類は今後も安定した発展を続けられるが、ある境界（閾値《いきち》）を超えると、急激かつ不可逆的《ふかぎゃくてき》な変化が生じる可能性がある、という限界を示したものです。

9つの項目は次の通りです。
・気候変動（大気中の二酸化炭素濃度及び産業革命以来の増加量）
・オゾンホール（成層圏《せいそうけん》オゾン濃度）
・海洋酸性化（表層海水中の炭酸カルシウムであるアラレ石の全球平均飽和《ほうわ》状態）
・生物多様性の欠損《けっそん》（絶滅率）
・化学物質による汚染（有毒物質、合成樹脂《じゅし》、内分泌攪乱《ないぶんぴつかくらん》物質、重金属、放射能汚染の環境中の濃度）
・淡水《たんすい》の消費（グローバルな淡水利用）
・土地利用の変化（農地に変換された地表面）
・生物地球化学的循環（人為的に大気中から除去された窒素《ちっそ》量／人為的に海水に入るリンの量）
・大気エアロゾル粒子《りゅうし》（大気中の全体的な粒子状物質の濃度）
このうち、**「気候変動」「土地利用の変化」「生物多様性の欠損」「生物地球化学的循環」**については、すでに限界値を超えているとされています。その

プラネタリー・バウンダリー

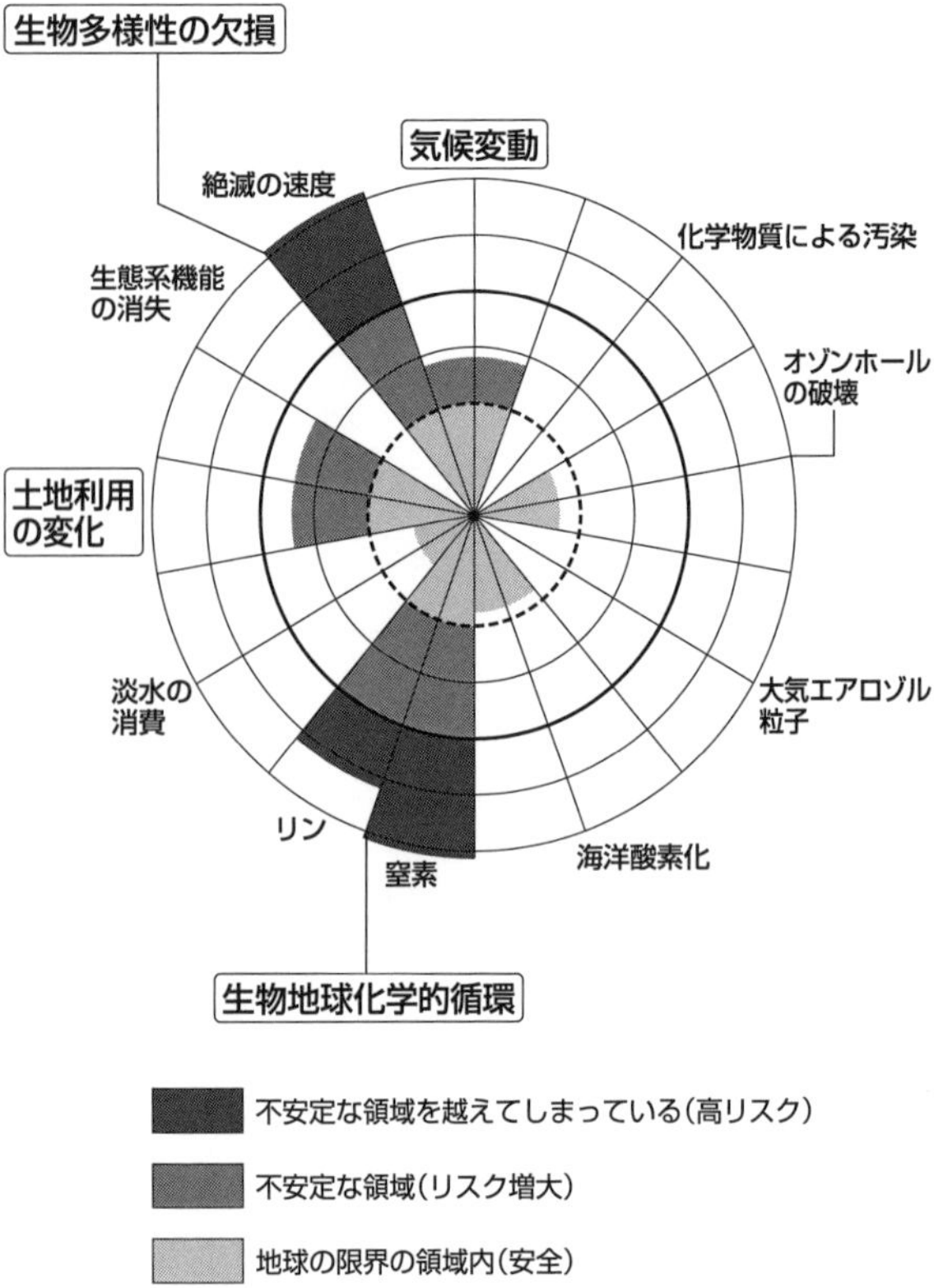

出典：Will Steffen et al.「Planetary boundaries:Guiding human development on a changing planet」を基に作成

ことによって、不可逆的な変化が生じる可能性がある、つまり、取り返しのつかない事態になるかもしれない、ということを示しています。

「地球はいま、かなり危険な状態にある」それが科学の出した答えであり、警告でもあるのです。

「持続可能」って、どういうこと？

人類が地球に与えている影響について、こんな別の研究もあります。

「現代の人類社会は、地球の生態系の再生能力の1・75倍を消費している」

これは、人間の社会・経済活動による資源の消費、環境負荷と、生態系を再生産できる許容量《きょよう》とを比較することで、算出した結論です（ただし、2019年の段階で、という但《ただ》し書きが付いています）。

計算したのは、持続可能な環境問題に取り組む国際シンクタンクであるグローバル・フットプリント・ネットワークで、かなり信頼性の高い研究結果と言えるでしょう。

地球の生態系の再生能力の1・75倍を消費している、という結論が正しいとすると、これはかなり恐ろしいことです。

これが家計の話であれば、毎月、入ってくる給料の1・75倍を消費している、ということになります。会社であれば、売り上げの1・75倍の経費が出ていっている、ということになり、いずれ破産してしまうでしょう。**人類は、このままいけば、地球まるごと破産してしまう、ということ**なのです。

だから、破産しないようにする。それが**「持続可能」**ということです。

「持続可能」というと、最もわかりやすい例として話題にのぼるのが化石燃料の話です。世界はこれまで、主要なエネルギー源として化石燃料、つまり石炭や石油を掘り出して消費していました。しかし、いうまでもなく、これらは有限です。いつまでもこうした化石燃料に頼っていたら、いつかは掘り尽くしてしまう。つまり「持続可能ではない」というわけです。

そのため、持続可能なエネルギー源として、風力発電や太陽光発電などが推進されてきました。

しかし、ＳＤＧｓの「持続可能」とは、エネルギー問題だけでなく、もっと広く大きな意味合いを含んでいます。

そもそも、「持続可能な開発」という言葉が大きな意味をもつようになったのは、1987年のことです。この年、当時ノルウェー首相だったブルントラント氏が座長を務めた国連「環境と開発に関する世界委員会」は、「我々の共通の未来」と題する報告書を提出しました。

通称「ブルントラント報告」。この中で「持続可能な開発」について、「将来の世代がそのニーズを満たせる能力を損なうことなしに、現在のニーズを満たす開発」と定義しています。

つまり、ただエネルギーを使い尽くすな、というだけではなくて、将来の世代がそのニーズを満たせなければ意味がない、現代の人類がなに不自由なく暮らしたおかげで、将来の世代がカツカツになってしまってはダメだ、ということ。それは「持続可能」とは言えない、ということなのです。

だから「持続可能な開発」はエネルギー問題だけではありません。

たとえば、環境問題。地球温暖化が進み、環境が変化してしまうことで、いまある豊かな生活を、将来の世代が続けることができなくなってしまったら、持続可能ではありません。

また、世界の多くの人たちが貧困に苦しんでいる状態は、十分に「ニーズを満たしている」とは言えないので、持続可能ではありません。

「持続可能な開発」を考えるときに、もう1つ留意しておきたいことがあります。それは、定義の後半に出てくる「現在のニーズを満たす」という部分です。

たとえば、化石燃料が底をついてしまうから、なるべくエネルギーを使わない生活をしましょう、と言っているわけではないのです。それは現代のニーズを満たしていません。

また、ある企業が「環境に優しい」事業を展開したとしましょう。それは、SDGsの精神に照らしても好ましいことなので、あまり利益が出なくても良いと、考えるかもしれません。また、〝意識の高い〟従業員は残業も苦にせず、身を粉《こ》にして働くかもしれません。

しかし、そのことで企業の業績が悪くなってしまったり、従業員が疲弊《ひへい》してしまったりしては、その事業は存続できなくなってしまいます。それは現在のニーズを満たしていない、つまり、持続可能ではないのです。

2章で、SDGsの各目標を見ていくと明らかなように、「持続可能」とはさまざまな要素が絡《から》み合っています。

だからこそ、世界が協力して、総合的に推進していかなければ実現できない目標であり、「世界を変革する」くらいの覚悟《かくご》が必要だと、「2030アジェンダ」は示しているのです。

SDGsは先進国と途上国に共通の課題

前述したように、SDGsはある日突然出てきたわけではなく、それまでの流れを踏襲《とうしゅう》し、それをさらに進めるかたちで出てきた、いわば現時点での集大成とも言えるものです。その起源には、「持続可能な開発」を示した1987年のブルントラント報告があり、直接の前身として、MDGsがあるわけです。

では、MDGsとSDGsはどこが違うのか。つまり、MDGsからSD

Gsに移行する際に、どのように変化していったのかを見ていくと、SDGsがよりわかりやすいかもしれません。

まず、その規模が異なることは、前述した通りです。SDGsが17の目標、169のターゲットからなるのに対して、MDGsでは、目標は8（17ページ参照）、ターゲットは21でした。ついでに言えば、その効果を測る指標として指定された項目は、SDGsが232であるのに対し、MDGsではわずか60です。

しかし、最も大きな違いは、その目的です。**SDGsが先進国も途上国も協力して、地球をまるごと次世代に継承することを目指していますが、MDGsでは、主に途上国の問題にスポットを当てています。**

MDGsの目標1から6までは、貧困《ひんこん》、教育、ジェンダー平等、幼児死亡率、妊婦の健康、衛生《えいせい》と、発展途上国における困難な状況の改善が取り上げられています。

もっともこのうちのジェンダー平等については、近年でも〝#MeToo〟運動が盛り上がるなど、先進国であってもけっして過去の問題ではないことが顕在化《けんざい》してきています。

MDGsでは、環境に関する項目が、目標7の1つだけとなっています。これも、その向かう先が途上国の改善であって、先進国の経済活動に目を向けたものではなかったことを表しています。当時はまだ、中国やインドがいまほど経済活動が活発ではなく、CO_2の排出や環境汚染なども大きな国内問題として浮上していませんでした。

そして、前述した通り、2015年を期限としたこのMDGsは、一定の目標を達成したと評価され、〝次の目標〟SDGs策定が動き出しました。その際、MDGsの〝改善すべき点〟が考慮されたことが、いまのSDGsにつながっているのです。

SDGsが急に広まったワケ

MDGsは、2000年の国際ミレニアム・サミットでの宣言をもとに、翌2001年に策定《さくてい》されました。2000年といえば、世界中に「ミレニアム」という言葉が溢《あふ》れ、どこもかしこもお祭り騒ぎでした。そんなときに策定されたＭＤＧｓ＝Millennium Development Goalsは、なぜ今日のＳＤＧｓほど注目されなかったのでしょうか。

前述した通り、ＭＤＧｓは途上国の貧困問題を、主な目標にしていました。取り上げた項目も、経済問題に偏《かたよ》っていました。そのため、対応すべきは主に先進国であり、ＯＤＡ（政府開発援助）など国家レベルで対策すべき事柄が多かったのです。そのため、広く一般市民にまで認知させる必要があまりなかったということです。

一方、ＭＤＧｓの反省を踏まえて作成されたＳＤＧｓは、貧困問題だけではなく環境や人権など、さまざまな領域にわたっています。そしてそれらは、必ずしもＯＤＡのような国家レベルの対応だけで、どうにかなるものばかりではないのです。

たとえば環境問題にしても、最近はプラスチック製品の使用を控《ひか》え、紙製のストローに切り替えるなどの対応をする企業が増えています。このように、国家レベルではなく民間企業の協力がなければ、ＳＤＧｓの実現は難しいといえるでしょう。

また、日本でもレジ袋有料化が始まるなど、生活者一人ひとりの行動が求められています。

そういうわけで、ＳＤＧｓでは広く一般市民にまで知ってもらえるようにコミュニケーション戦略が周到《しゅうとう》に進められてきました。17の目標をカラフルなアイコンにしたことは、視覚的に印象付けるようにするためだけでなく、使い勝手まで計算されています。レインボーカラーのように、17色の色彩だけでも一瞬でＳＤＧｓと認識できます。それだけではなく活動をアピールする際に、シンボルマークを表示するだけで、ＳＤＧｓとのつながりを示すことができます。

こうした戦略のおかげで、いまではいろいろなところで、このカラフルなシンボルマークが目に入ります。ピンバッジをジャケットの襟《えり》につけている人も見かけます。

その結果、ＭＤＧｓなんてぜんぜん知らなかったという人たちも、いま、ＳＤＧｓってなんだろう？　と関心をもつようになったというわけなのです。

各国の責任の大小はどうやって決められる？

ＭＤＧｓやＳＤＧｓの検討の過程で、先進国と途上国の〝綱引《つなひ》き〟の話が出ましたが、そのことに関連して**「共通だが差異ある責任」**について、少し触《ふ》れておきましょう。

これは環境問題など地球規模の問題について多国間で向き合うときに、その責任のあり方について国際的に合意されている考え方です。ＳＤＧｓもこの考え方を基本的に踏襲しています。

この場合の差異とは何かというと、先進国と途上国の差異。つまり、たとえばCO_2排出量削減など、地球規模で取り組まなければいけない課題に対して、その責任の大きさは、先進国と途上国は同じでなくてもいいでしょう、ということです。平たく言うと、主に開発を推進してきたのは先進国だし、環境破壊の責任も先進国のほうが大きい。それにいまは経済的に余裕もあるだろうから、先進国は多めに負担してほしい、途上国は少なくてもいいじゃないか、ということです。

1992年のリオ・サミット（「地球サミット」）で始まったこの考え方は、「共通だが差異ある責任（Common But Differentiated Responsibilities）」と呼ばれ、国連ではこの頭文字をとってCBDRと表記します（そこまで略語にしてしまっては、よけいにわかりにくい気がしますが）。

しかし、その後状況は変化しています。1960～1970年代頃には、途上国の仲間に数えられていた中国は、いまやGDP（国内総生産）でアメリカに次ぐ大国となり、CO_2排出量も世界最大です。同じく急激に工業化が進んだインドとともに、自国内での大気汚染が問題になっています。

また、産油国であるカタールのように、1人当たりのGDPが日本よりはるかに多い国も、途上国の側に数えられています。

かつてのように、この「共通だが差異ある責任」を挟《はさ》んで、先進国VS途上国が向き合うという単純な構図ではもはやなくなっているのです。

先進国としてはこのまま重い負担を引き受け続けるのは不公平感がある。かといって、へたなことを言い出せば、途上国側は結束して対抗してくるでしょう。

一方途上国側としてみれば、こんな〝特権〟があるなら、できるだけ有効に使いたい、と考えるのは当然です。

SDGsの策定の過程でも、この「共通だが差異ある責任」を巡《めぐ》っての駆《か》け引きが当然あったようです。最終的には、環境問題についてのみこの原則を適用し、他の領域にまでは拡大しない、ということで決着しました。

SDGsは世界共通の目標であり、世界の国の代表が〝心を1つにして〟和《なご》やかに採択されたのかというと、必ずしもそういうわけではありませんでした。3年にわたる策定の過程では、先進国と途上国との、あるいは、各国同士の利害をかけて、熾烈《しれつ》な駆け引きがあったというリアルな側面も、SDGsをより理解するために知っておく必要があるでしょう。

SDGsが大切にする〝思考法〟とは

SDGsのポイントの1つとして、「バックキャスティング」思考で策定

バックキャスティングとフォアキャスティング

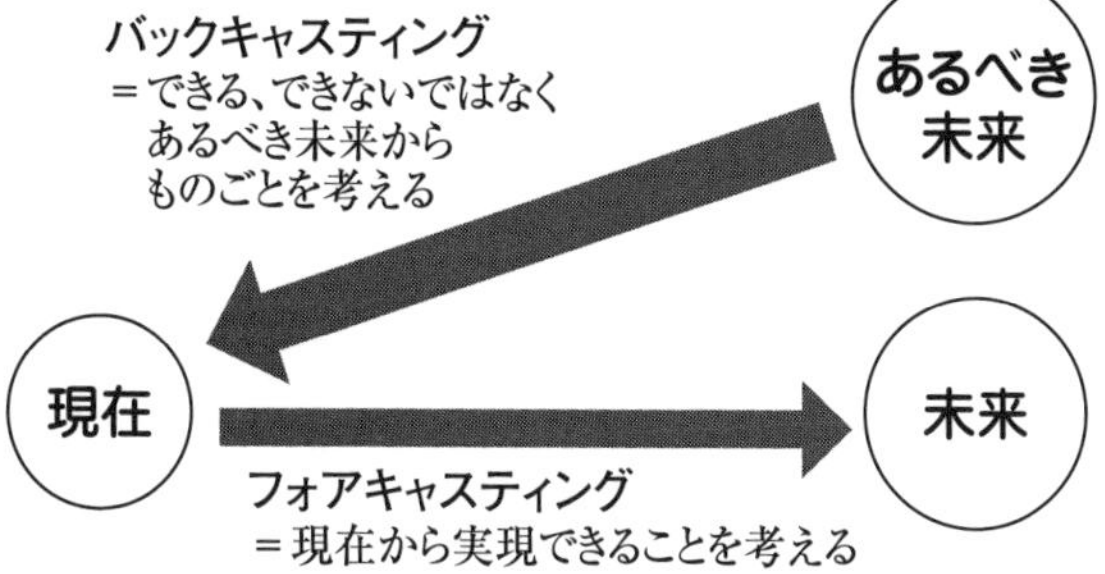

バックキャスティングは目指すべき未来からいまやることを決めるため、より高い目標の達成につながりやすい

されている、ことが挙げられます。

あるいは、ＳＤＧｓを実践《じっせん》するには、「バックキャスティング」の発想が大切、と言われることもあります。

バックキャスティングとは、未来のあるべき姿を想定し、それを実現するには、どうすればよいのかを遡《さかのぼ》って考える思考法です。

その反対に、現状に目を向けて、いまなにができるかを考えていく思考法を、「フォアキャスティング」と言います。

たとえば、将来のライフプランを考えるときに、いま、仕事をもっと頑張れば、年間売り上げ10％を実現できるかもしれない。そうすれば、10年後には営業部トップの成績を取れるはずだ、そうなればいずれは営業部長に……と考えるのがフォアキャスティング思考です。

一方、バックキャスティング思考では、たとえば、20年後に俺は社長になる！という未来像をまず想定します。そのためには、15年後には取締役、10年後には営業部長になっていなければならない、そのためには……と逆算して、いま、なにをやるべきかを考えていくのです。

ＳＤＧｓでは、まず目標（ゴール）が示されています。２０３０年を期限として、そのときに地球がどうなっていなければいけないのか、をまず想定しています。その上で、それを実現するためには、明日、なにをやらなければいけないのか、いま、なにをやらなければいけないのかを示しています。それぞれがいまやるべきことを考えて答えを見つける、それがＳＤＧｓを実践するということなのです。

このように、ＳＤＧｓがバックキャスティング思考を採用したのはなぜなのか。それは大きな意識の変革が必要だからです。

フォアキャスティングで到達できるのは、想定できる未来です。毎年売り上げを10%ずつ伸ばせば、10年後、20年後にどうなっているのかということは、だいたい想像ができます。逆に言えば、想定できる未来にしか到達できないのです。

一方、バックキャスティング思考ではどうでしょう。20年後に社長になる！という目標をまず掲《かか》げる。それを実現するには、いまのやり方では無理かもしれません。売り上げを何%伸ばすか、ではなく、まったく新しい事業を立ち上げる、あるいは会社を辞めて起業する、という選択肢もあり得るかもしれないのです。

SDGsがバックキャスティング思考で策定されているということは、将来訪れるであろう〝地球の危機〟を回避するにはいままで通りのやり方では難しいだろうと考えられるからです。

そういう意味では、SDGsが求めているのは行動ではなく変革だということ。それは「2030アジェンダ」のタイトルが「我々の世界を変革する」となっていることからもわかります。つまり「ちゃんとやりましょう」ではなく「世界を変えましょう」という提言なのです。

目標を守らないと罰則はある？

ＳＤＧｓの中で、貧困問題と並んで大きな比重を占《し》めているのが、地球環境問題です（53ページで詳しく触れますが、経済、社会、環境がＳＤＧｓの３つの柱と定義されています）。

環境に対する国際的な取り決めについては、かつて「京都議定書」があり、いまは「パリ協定」がありますが、これらとＳＤＧｓの関係について、少し整理してみましょう。

いずれも、大きな意味では「環境問題に対する国際的な取り決め」であることには変わりはないのですが、ＳＤＧｓは国連がそのために設置した「ＯＷＧ（オープンな作業部会）」が主体となって作成したものであるのに対し、「京都議定書」と「パリ協定」は「国連気候変動枠組条約締約国《ていやくこく》会議（通称：ＣＯＰ）」で協議し、策定しています。つまり、同じ国連で同じ環境問題というトピックを扱っていても管轄《かんかつ》が違う、というわけです。

　ここで少し寄り道をして、「京都議定書」と「パリ協定」について、簡単に触れておきましょう。地球温暖化が深刻な問題と認識され始めた1992年、リオ・デ・ジャネイロで「地球サミット」が開かれ、「気候変動枠組条約」がつくられました。いわゆる「地球温暖化防止条約」です。

　しかしこの時点では、「温室効果ガスを減らしましょう」という大枠《おおわく》が決められただけで、その中身についてまで議論が進みませんでした。

　そこでその5年後（1997年）、京都でCOP3が開かれ、それぞれの国が2020年までにどのくらい温室効果ガス排出量を削減するかを話し合って決めました。それが「京都議定書」です。

　その期限である2020年が迫《せま》ると、それ以降の割り当てをどうするか、を話し合うCOP21が2015年にパリで開かれました。そこで決められた内容が「パリ協定」です。

　つまり、2020年までの京都議定書、それを引き継ぐパリ協定、これらは「気候変動枠組条約」の中の具体的な取り決めということになります。これらは条約ですから、参加した各国はこれを守る義務があります。法的拘束《こうそく》力《りょく》があるのです。

2019年、アメリカのトランプ大統領は、国内の石油・石炭産業を守るためパリ協定からの離脱を宣言しました。2021年、トランプ氏に代わってバイデン氏が大統領になると、さっそくパリ協定に復帰しました。法的拘束力があるからこそ、離脱とか復帰ということが起こるわけです。

一方、**SDGsは条約ではなく自主目標**です。共通の目標を掲げ、これを実現することを共に目指しましょうという、あくまでも宣言のようなものです。当然、法的拘束力もありません。「**SDGsを守らないから**」と言って、**罰則を科せられることはないし、「我が国はSDGsを離脱する」**ということも、**起こり得ない**わけです。

目標達成のために国連がしていること

SDGsに法的拘束力がないとすると、ともすると「各自、鋭意《えいい》努力しております」と言うだけで、思うように物事が進んでいかない、という事態にもなりかねません。しかしSDGsはバックキャスティング思考ですから、2030年までに達成すべき目標は決まっています。

そこで、**国連では「いま、どのくらいSDGsが進んでいるのか」を計測するための指標を設定し、毎年「SDGs報告書」を発表し、進捗《しんちょく》状況を公表**しています。

たとえば、貧困問題については、1日1・25ドル未満で生活する状態を「極度《きょくど》の貧困《ひんこん》」と定義し、これをあらゆる場所で終わらせることをターゲットにしています。

「持続可能な開発目標報告」では、この「極度の貧困」が世界にいまどのくらいあるのかを計測し、2019年は8・2%だったと報告しています。このままのペースで減っていくと2030年には6%となりますが、ゼロにはならないという予測も示しています。目標を達成するためには、なんらかのさらなる努力が必要ということになります。

もちろん、世界中の国がそれぞれ異なる状況を抱えているわけですから、地球規模の大きな指標だけでは、なかなか実効性のある対策に結び付きにくいというのが現実です。

ですから、こうしたグローバルな指標を「各国や地域レベルで策定される指標によって補完」するように示されています。

つまり、それぞれの国や地域が独自の指標を設《もう》けていて、「極度の貧困」をゼロにするよう対策をし、世界全体で貧困をなくそうという仕組みです。

現在の進捗具合はどうなのか?

2015年にSDGsが正式に採択された際に、今後4年ごとに「SDGサミット」を開催し、進捗状況のレビューを行なうことが決められました。第1回目は、2019年ニューヨーク国連本部で開催されています。

2030年までの15年、最初の4年間の評価は果たしてどうだったのかというと、芳《かんば》しくありません。目標の達成に向けた取り組みは思うようには進んでいない、という評価です。

ポルトガルの首相でもあったアントニオ・グテーレス国連事務総長は、挨拶の中で、加盟各国に約束を守るように強く訴えかけるとともに、社会の各方面に対しても目標達成に向けて結集するように呼びかけました。そのために、これからの10年を「野心的な行動の10年」と位置付け、取り組みを加速することを求めています。

前述の通り、ＳＤＧｓの進捗は、毎年のＳＤＧｓ報告書で詳細にレビューされています。

２０１９年版では、「極度の貧困の割合が低下」「予防接種の実績」「海洋保護区の倍増」など、プラスの評価があった一方、気候変動については、「過去4年間は記録上最も温暖」となり「海面上昇」「海洋酸性化」などが深刻化したとマイナスの指摘もありました。

しかし、２０２０年に世界を混乱に陥《おとしい》れた新型コロナウイルスのパンデミックは、ＳＤＧｓの進捗にも大きな影響を与えました。

国連は、「貧困問題の解消など数十年積み重ねてきた前進を、コロナ禍が後戻りさせている」と発表しました。

国連の指摘によれば、コロナ禍は世界の最も貧しい人々と最も脆弱《ぜいじゃく》な立場にいる人々に深刻な影響を及ぼし続けています。影響は、貧困問題だけでなく、貧困と関連性の高い、医療や教育の分野にも及んでいます。

一方で、この**コロナ禍を機会に、これまでの産業や生活のあり方を見直す機運《きうん》も出てきています。**２０３０年まで残り10年を切ったいま、今後の進捗状況は良くも悪くも予測が立ちにくい状況となっていると言えるでしょう。

2章

《17の目標》から基本の「キ」を知る

誰1人として取り残さない〈大事な理念1〉

ＳＤＧｓの17の目標は、前章で触《ふ》れたように、リオ・サミットで採択《さいたく》された「持続可能な開発のための２０３０アジェンダ」の中で示されています。

ＳＤＧｓといえば、カラフルなアイコンで表現される17の目標を指すわけですが、実はこの「２０３０アジェンダ」には、けっこう重要なことが書かれていて、一度目を通しておくとＳＤＧｓの理解に役立ちます（全文を読みたい方は、英語原文版も日本語仮訳版も外務省のホームページからダウンロードできます）。

ＳＤＧｓの重要な理念である「誰1人として取り残さない」というフレーズも、前文の最初のほうで登場します。

we pledge that no one will be left behind.
（我々は、誰1人として取り残さないことを誓う）

この「誰1人として取り残さない」は、このアジェンダの中で折《おり》に触れて出てくる、印象的なキーフレーズです。

ＳＤＧｓは、貧困《ひんこん》や飢餓《きが》など、基本的人権や時には命に関わることも多く、「おおかたうまくいった」「ほとんどの人を救うことができた」では意味がありません。「最後の1人までなんとかする」を目標とするのが、ＳＤＧｓの基本です。

また、あとで見るように、**さまざまな解決すべき課題の中には、いずれか一方の利益が、もう一方の不利益になる、いわゆるトレードオフの関係になっているものもよくあります。**

たとえば、いま、化石燃料を使った火力発電への依存が問題になっています。CO_2削減という観点からすれば、原子力発電はクリーンなエネルギーです。CO_2を排出しません。

しかし、その一方で、使用済み核燃料というゴミを生み出し続けます。万一の事故が起こった場合は、人命にも環境にも多大な損害を与えるリスクがあります。

　このように1つの観点で、どちらのほうが良いとか悪いとか決めることができない課題はたくさんあります。

「誰1人として取り残さない」という宣言は、こうした難しい課題も、天秤《てんびん》にかけてちょうどよい落とし所を見つける、という姿勢ではなく、根本的に解決するまで真摯《しんし》に取り組み、必ず解決の道を見つける、という決意でもあります。

　2010年代に入った頃から、LGBT、障がい者などの社会的弱者の権利にスポットが当たるようになりました。2015年にはアメリカ連邦最高裁判所が、同性婚を認める判断を示しています。2017年には女性が声を上げてセクハラ被害を告発する〝#MeToo〟運動が盛り上がりました。「誰1人として取り残さない」という理念は、こうした時代の空気と共鳴することで、SDGsの強力な推進力となっています。

　このコロナ禍《か》でも、ドイツのメルケル首相は、国民に向けたメッセージの中で「この苦境の中に誰1人として置き去りにしない」と宣言しました。この理念は、SDGsの枠《わく》を超えて、時代の声になりつつあるといえます。

「経済」「社会」「環境」の調和〈大事な理念2〉

「2030アジェンダ」の前文で示されているもう1つの大事な理念は、「**経済」「社会」「環境」の調和**ということです。

前文には以下のように書かれています。

これらの目標及びターゲットは、統合され不可分のものであり、持続可能な開発の三側面、すなわち経済、社会及び環境の三側面を調和させるものである。

経済、社会、環境、この3つが世界の重要な課題であることは、ずっと以前から認識されていました。MDGsでも、経済、つまり途上国の貧困に由来する問題が多く取り入れられていたことはすでに述べた通りです。

SDGsで重要なことは、これらは「不可分」のものであり、「調和」させなければいけないのだ、と宣言していることです。

それぞれ、大事な課題だから、それぞれしっかり取り組んでいきましょう、というだけではないのです。

わかりやすくするために、企業活動にたとえてみましょう。

会社の発展（もしくは存続）のために3つの大きな課題があるすれば、通常であれば、それぞれ事業部を立ち上げて、3つを独自に推進していくという方法をとるはずです。学問や研究の世界なら、それぞれ分科会《ぶんかかい》（専門分野ごとの小会議）を置いて報告書をつくる、ということになるかもしれません。

しかし、前項でも触れた通り、いま地球に起こっている問題はそれぞれが独立しているわけではありません。なにしろ地球規模ですから、一つひとつの問題が大きくて、さまざまな課題を内包しています。そして、さまざまな問題が、相互に関連しあっているのです。

たとえば、新型コロナウイルスの問題はどうでしょう。

感染者や死亡者をいかに抑えるかは、医療や衛生の問題です。国連でいえばWHO（世界保健機関）の管轄《かんかつ》になります。しかし、実際には誰もが〝平等に〃感染するわけではなく、住む国や地域、所得や人種によって異なります。

一例として、ニューヨークでは、高所得のホワイトワーカーは自宅のパソコンからテレワークで仕事を続けられるので、感染リスクを下げることができます。一方、所得が低い人は小売り、配達、運転などのエッセンシャルワーカーの比率が高く、日銭《ひぜに》を稼《かせ》ぐために〝人と接する機会が多い〟危険な仕事を休めない、という現実に直面します。こうしたエッセンシャルワーカーには、実際、黒人やヒスパニックなどの非白人系の人たちが多いのです。

また、世界に目を向ければ、ワクチンの供給が、欧米などの先進国に集中しているという問題もあります。途上国や紛争地域では、接種が大きく遅れています。

こうなると衛生問題だけでなく、貧困や人種差別、人権、政情不安の問題も絡《から》んできます。問題の視点はさまざま、かつ包括《ほうかつ》的で、解決には多くの知《ち》見《けん》が求められます。WHOだけで対応できる問題ではないのです。

もう1つ、地球規模の大きな話をしましょう。温暖化です。

いま、地球の全体の温度は、いわゆる温室効果ガスのせいで上昇しつつあります。温暖化が進むと、海水の蒸発が盛《さか》んになり、大気中に大量の水蒸気が蓄《たくわ》えられるようになります。その状態で熱帯性低気圧が発生すると、その力は、水蒸気の量に比例するので、より強大な台風に発展する可能性があります。事実、日本でもここ数年、大きな台風の被害が相次《あいつ》ぎ、経済に打撃を与えています。

温暖化はまた、内陸部では干ばつや農業生産の減少などの影響を与えます。水資源不足にも影響します。そうなると食料不足の遠因《えんいん》となり、貧困にあえぐ人たちによりいっそうの打撃を与えることになります。

CO_2排出による地球温暖化問題は、生態系への影響だけでなく、地域経済や貧困問題、食料問題にも影響するのです。

このように**1つの問題は、必ず他の問題とどこかでつながっています。**1つの問題の解決が、別の問題を悪化させることがあるかもしれませんし、反対に、別の問題を良い方向に導くかもしれません。

だから、「経済」「社会」「環境」も、それぞれが大きな課題ですが、だからといってそれぞれ独立して取り組むのではなく、「不可分」なものとして

ウェディングケーキモデル

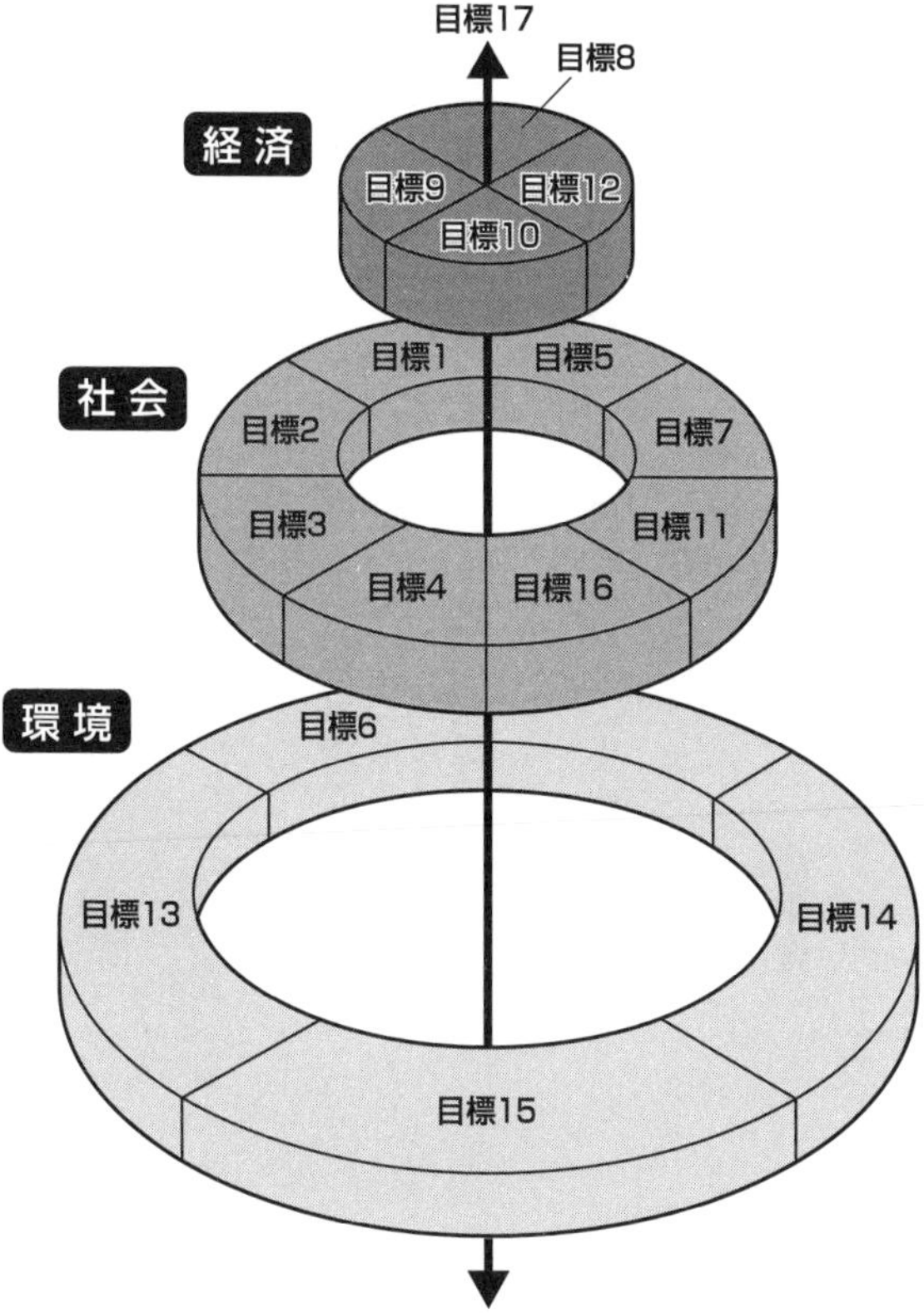

※目標1～17までの具体的な説明は61～110ページを参照

出典：ストックホルム・レジリエンス・センター

総合的に取り組む必要があるのです。

そして、それらが調和した状態を目指す必要がある、というのが、SDGsの前文に示された基本的な考え方です。

この「経済」「社会」「環境」の関係を示した、わかりやすいモデルがあります（前ページの図参照）。これはプラネタリー・バウンダリーを提唱したヨハン・ロックストローム博士とインドの環境経済学者パヴァン・スクデフ博士が作成したものです。**「ウェディングケーキモデル」**と呼ばれるこのモデルでは、環境をベースにその上に、社会、さらに経済が積み上がる形になっています。

最も重要なものは地球環境であり、まずそれが健全《けんぜん》な状態であること。豊かな自然、多様な生態系、安定した気候が基礎にあって、その上に安定した社会を築くことができる。そして、社会の仕組みが安定して、その上に健全な経済活動が営まれる。という構造を、このモデルは示しています。

逆に言えば、**このまま環境破壊が進み、自然のバランスが崩れてしまったら、社会も安定せず、経済活動も順調に発展していくことは難しい**、ということでもあります。

17の目標に対応する5つの〝P〟

持続可能な発展の3つの側面＝社会、経済、環境を示したあと、「アジェンダ2030」全文では、5つのPで始まるキーワードでその目指すところを示しています。これらはその後に述べる17の目標に関連付けられています。

・**People（人間）**

貧困と飢餓《きが》を終わらせること。人間の尊厳《そんげん》を保ち、平等を実現すること。健康な環境で、それぞれが能力を発揮《はっき》できるようにすること、などを目指します。**目標1～6に対応**します。

・**Prosperity（繁栄）**

すべての人が豊かで満たされた生活ができるように、経済、社会、技術が、自然との調和を保ちながら発展することを目指します。**目標7～11に対応し**

ます。

・**Planet（地球）**

持続可能な消費活動及び生産を目指し、天然資源を適切に管理し、気候変動に関する緊急の行動をとることで、地球を破壊から守ることを目指します。**目標12～15**に対応します。

・**Peace（平和）**

誰もが恐怖や暴力から解放され、平和で公平な社会を育《はぐく》んでいくことを目指します。「平和なくして持続可能な発展はなく、持続可能な発展なくして、平和もあり得ない」という認識です。**目標16**に対応します。

・**Partnership（パートナーシップ）**

地球規模の連帯の精神に基づき、最も貧しく最も脆弱《ぜいじゃく》な人々に焦点を当てること。すべての国、ステークホルダー、すべての人が参加することを、目指します。**目標17**に対応します。

ではここから、17の項目を1つずつ見ていきましょう。

目標1：貧困をなくそう

あらゆる場所で、あらゆるかたちの貧困を終わらせる

17の目標の最初に置かれているように、貧困問題は「持続可能な社会」を実現するためにまっさきに取り組まなければならない問題です。また、MDGsの時代からずっと引き継いでいる課題でもあります。

2015年を期限としたMDGsは、概《おおむ》ね成果を上げることができたとすでに述べましたが（18ページ参照）、まったくすべてがうまくいったというわけではありません。

貧困の問題について、MDGsでは、8つの目標のうちのやはり1番目に、**「極度の貧困と飢餓の撲滅《ぼくめつ》」**を掲げています。

ちなみに、**「極度の貧困」とは、1日1・25ドルで暮らす人と定義**しています（45ページ参照。この定義は2015年に1日1・9ドルに引き上げられましたが、SDGsは過去のデータとの比較計測のためにそのまま1・25ドルを基準にしています）。

その成果はと言えば、極度の貧困で暮らす人の数は、19億人（1990年）から8億3600万人（2015年）と、半数以下に減少しました。しかし、それでもまだ、1日2ドル足らずで暮らす人々が、世界の人口の10人に1人、ということになります。

また、その半数以上がアフリカ大陸のサハラ以南に集中していて、地域的な格差も解消されていません。

SDGsでは、この「1日1・25ドルで暮らす＝極度の貧困」を、あらゆる場所で終わらせることを目標にしています。

この貧困の問題は、ともすると「途上国の問題、結局はアフリカの問題だろう、日本に暮らしている〝自分たち〟には関係ない」と考えてしまいがちです。しかし、**先進国でも、貧困はやはり社会問題**です。SDGsでも、「極度の貧困」を終わらせる、とともに、「各国で定められた」貧困を半減させることも求めています。

日本の場合、2020年に厚生労働省が発表した調査結果によると、相対的貧困率は15・4％となっています。

相対的貧困とは、「等価可処分所得（可処分所得を世帯人数の平方根で割って出た所得）の中央値の半分に満たない人」のことで、この調査結果では、年収127万円以下で暮らす人が該当《がいとう》します。

また、17歳以下の子どもの貧困率も13・5%で、約7人に1人の子どもが貧困状態にあるという計算になります。貧困はこの日本においても解決すべき大きな課題なのです。

この目標の、現時点での進捗《しんちょく》を見てみましょう。

全世界での極度の貧困は、2019年時点で8・2%、それでも年々減少の傾向にありました。ところが、2020年、新型コロナウイルスのパンデミックによって、世界の貧困はこの数十年で初めて増加しました。この年だけで、新たに7100万人が極度の貧困に陥《おちい》ったと報告されています。

また、2016年の時点で、いかなるかたちの社会保障も受けられていない人が、40億人、これは世界人口の約半数にあたります。このままでは、2030年に「貧困を終わらせる」ことは難しいと言えそうです。

目標2：飢餓をゼロに

飢餓を終わらせ、食料の安定確保と栄養の改善を実現し、持続可能な農業を実現する

世界中の人々に十分な食料が行き渡らない、という問題は、いっけん単純に見えて、さまざまな問題（SDGsの他の目標）と絡み合っています。

そもそも世界に食料が足りていない、というわけではありません。年間の穀物《こくもつ》生産量は26億トンにも上り、世界の全人類76億人に平等に分け与えれば、1人当たり340キログラムになります。たとえば日本の穀物消費量年間154キログラムと比べてみても、十分な量であることがわかります。

それにもかかわらず、現実には十分な食料を口にすることができず、栄養不足・欠乏《けつぼう》状態の人たちが8億人以上いる。この矛盾《むじゅん》が、むしろ飢餓問題の本質なのです。

もちろん、農業生産力そのものをいま以上に高めていくことも解決につながるでしょう。世界全体で十分な生産力がある、といっても、その土地、あ

るいは流通可能な範囲で食料が生産されなければ意味がないからです。

途上国の一部の地域では、農業が十分に近代化されておらず、そのためにいまも伝統的な農法に頼っている（あるいは守っている）ところも少なくありません。

こうした農法は、干ばつや洪水など自然現象の影響を受けやすく、そのため生産量が安定しません。近年の地球温暖化による影響も、年々大きくなっています。かといって近代的な農業手法を導入して、効率の良い大規模で機械化された農業を展開すれば、周辺の森林を伐採《ばっさい》するなどして環境破壊にもつながりかねません。

バランスをとりながら総合的な視点で開発を進めることが必要なのです。

貧困の問題もまた、飢餓につながっています。途上国には、収入が少ないため、十分な食料を買えない人たちもいます。その原因は、雇用機会がない、雇用主が正当な賃金を支払わない、あるいは政府が外貨獲得のために生産物を輸出に回し、自国民の分が不足してしまうなどさまざまです。

貧困の問題は、政治や社会情勢とも密接な関係があるのです。

この目標の、現時点での進捗は以下の通りです。

コロナ禍が紛争や気候変動と並んで、食料システムに対する新たな脅威に加わりました。とくに小規模食料生産者が、大きな打撃を受けています。そして、途上国地域の食料生産者全体の40〜85%が小規模食料生産者です。

全世界で、中程度または深刻な食料不安を抱える人たちは、22・4%（2014年）から25・9%（2019年）に増えています。全世界の4人に1人に当たる割合です。栄養不足による発育不良の5歳未満児は、1億1400万人。21・3%、5人に1人が発育不良です。

目標3：すべての人に健康と福祉を

▼あらゆる年齢のすべての人々が健康的な生活を送れるようにし、福祉を推進する

アイコンのキャッチフレーズは「すべての人に健康と福祉を」で、これだけ見るとどうも漠然《ばくぜん》とした印象になってしまいますが、実はターゲットのほうに具体的に、しかも数値目標を挙げて示されています。

その内容はというと、

・妊産婦の死亡率を、出生10万人当たり70人未満にする
・新生児死亡率を、出生1000件当たり12件以下にする
・5歳児以下死亡率を、出生1000件当たり25件以下にする
・エイズ、マラリア、結核《けっかく》やその他の感染症を根絶する
・交通事故による死傷者を半減させる
・薬物やアルコールの有害な摂取《せっしゅ》や濫用《らんよう》防止を強化する
・有害物質、大気汚染、水質汚染の死者を大幅に減少させる

など、幅広い内容になっています。ちなみに、新型コロナウイルスについては、当然のことながらSDGs策定《さくてい》時にはまだ発生していないので具体的に書かれていませんが、エイズやマラリアと並ぶ「その他の感染症」に該当すると捉えることができます。

充実した医療サービスが受けられる先進国では、出産時に妊婦が死亡したり、生まれた子どもが5歳未満で死亡したりすることは稀《まれ》なケースですが、途上国ではそうではありません。

1000人あたりの5歳未満児死亡率を国別の統計で見てみると（2018年）、日本は約2人。これに対して、最も死亡率が高いのはソマリア122人、続いてナイジェリア120人、チャド119人、中央アフリカ共和国116人など、100人以上の国が6つもあります。これらの国では10人に1人は5歳まで生きられない、という厳しい現状があります。

死亡原因の多くは、肺炎やマラリアなど、本来ならば治療可能なものがほとんどですが、近くに医療施設がない、医者が足りない、医薬品がない、医療サービスを受けるお金がない、などの理由で、命を落とす子どもたちが後を絶ちません。健康、衛生の問題もやはり、貧困や政情不安などその他の問題と関連しているのです。

こうした命の格差の問題は、先進国と途上国の間だけにあるのではありません。

先進国であるアメリカの5歳未満児死亡率は1000人中7人と、欧米諸国など他の先進国に比べて高くなっていますが、このうち、両親がアフリカ系である5歳未満児の死亡率は、両親が白人である場合の約2倍になる、とという報告があります。

人種による格差問題は、生まれてくる子どもの〝生きる権利〟にも影を落としているのです。

この目標の、現時点での進捗は以下の通りです。

5歳未満児の死亡数は980万人（2000年）から、520万人（2019年）へと減少傾向にあります。

その他、妊産婦の保健状況、結核、HIV・エイズなどについても、目標達成にはまだまだ加速が必要なものの、概《おおむ》ね改善されてきています。

ただし、2020年からはコロナ禍《か》があります。これによって医療が混乱したことにより、数十年の進歩が逆戻りするおそれがあります。5歳未満児の死亡数も2020年には数十万人に増加するかもしれません。

パンデミックの影響は、直接コロナ感染者だけにとどまりません。サハラ以南のアフリカでは、医療サービスの中止により、マラリアによる死者が倍増する見込みとなっています。

目標4：質の高い教育をみんなに

▼すべての人に包括的で公平な質の高い教育を受けられるようにし、生涯学習の機会を促進する

ＳＤＧｓの４つ目の目標は「教育」です。ＳＤＧｓが「貧困」「飢餓」「健康」の次に「教育」を掲げていることから、いかにこの問題を重要なものと捉《とら》えているかがわかります。

日本では、小学校、中学校は義務教育なので、誰でも無料で通えますが、世界の一部の地域ではそうではありません。たとえば、サハラ以南のアフリカでは、５人に１人が初等教育、中等教育を受けられていません。

子どもたちに教育を受けさせることが、いかに重要なことなのか。２０１２年に当時、国連事務総長であった潘基文《パンギムン》氏が立ち上げたＧＥＦＩ（Global Education First Initiative）では、その理由を６つ挙げています。

①もしも、低所得国のすべての学生たちが基礎的な読解力を身につけることができたら、１億７１００万人が貧困から抜け出すことができるでし

ょう

②もしも、低所得国のすべての母親が中等教育を受けていれば、1200万人の子どもたちが発育阻害から救い出せます

③もしも、すべての女性が中等教育を受けることができれば、子どもの死亡率は49％減少します

④もしも、すべての女性が初等教育を終了していれば、出産における死亡率は66％減少します

⑤もしも、すべての女児が中等教育を受けていれば、児童婚が64％減少し、早すぎる妊娠が59％減少します

⑥1年間の学校教育は、収入を10％増加させます

ここでも明らかなように、**教育の問題は女性の問題でもあります。世界で教育を受けられない子どもは、男の子よりも、女の子のほうが多い**からです。

子どもが教育を受けられない理由は、主に8つが考えられます。

・学校が近くにない

・先生がいない

・お金がない
・働かなくてはならない
・兄弟の面倒を見なくてはならない
・親が学校に通わせない
・病気
・戦争・紛争

貧困や飢餓から人々を救うには、とりあえず資金や食料があれば、その分、事態は改善します。しかし、教育はその効果がすぐに表れるものではありません。それでもGEFIが示した通り、将来にわたって大きな改善が期待できます。だからこそ、SDGsでも教育を重要な目標と考えているのです。

この目標の、現時点での進捗は以下の通りです。

質の高い教育に向けた前進の速度は不十分です。このままでは、2030年になっても、学校に通えない子どもは2億人以上と予測されます。

コロナ禍も大きな影響を与えています。2020年は、多くの学校が休校になったことで、世界で90%の学齢期の子どもが学校に通えませんでした。

またここにも貧富の格差が反映されています。子どもの学校教育終了率が富裕層（上位20%）の世帯では79%なのに対し、低所得層（下位20%）の世帯では34%と、半分以下になっています。

低所得層の子どもほど、教育を受ける機会が奪《うば》われやすく、それが将来の収入にも反映され、よりいっそう格差が広がるという、負のスパイラルになっています。

目標5：ジェンダー平等を実現しよう

ジェンダー平等を達成し、すべての女性・女児が力をもてるようにする

この目標に関しては、「主に途上国の問題で、先進国には関係ない」と思う人はいないでしょう。人種問題と並んでジェンダーギャップは、いまや世界中で最もホットなトピックと言えるかもしれません。

とはいえ、ジェンダー平等はＭＤＧｓでも８つの目標のうちの１つとして

取り上げられていて、ずっと以前からあった問題です。それがようやく表に出てくるようになったということでしょう。他の目標同様、この目標も扱うレベルが幅広く、ここでは2つのレベルに分けて見ていきましょう。

1つは、いまだ世界の多くの女性が暴力や虐待の被害を受けているということ。

たとえば人身売買という犯罪が世界では根絶されていません。UNODC（国際薬物犯罪事務所）は、2012〜2014年の間に、世界106の国・地域において、計6万3251人が人身売買の被害者となったと報告しています。これは検挙《けんきょ》された数なので、実際にはもっと多いでしょう。そしてそのうち7割は女性で、その目的は強制売春やAV（アダルト・ビデオ）など性的搾取《さくしゅ》です。

また、女性は家を守る働き手だと考えられている地域では、家族によって早くに強制結婚させられ、子どもをつくることを求められます。

ある報告によれば、18歳未満で結婚する女性は、世界で約6億5000万人。望まない早期結婚をすれば、教育を受ける機会を奪うだけでなく、家庭内暴力にあうリスクも増加します。

暴力や搾取に晒《さら》されていなくても、女性は男性よりも「社会的地位が低い」という差別を受けています。

この目標5では、最初のターゲットに「あらゆる場所におけるすべての女性及び女児のあらゆる形態の差別を撤廃《てっぱい》する」ことが掲《かか》げられています。

世界経済フォーラム（World Economic Forum）が、毎年、国別のジェンダーギャップ指数を発表しています。これは、経済、政治、教育、健康の4つの分野でどのくらいジェンダー平等が実現されているかを

ジェンダーギャップ指数（2021年版）

順位	国名	スコア
1	アイスランド	0.892
2	フィンランド	0.861
3	ノルウェー	0.849
4	ニュージーランド	0.840
5	スウェーデン	0.823
6	ナミビア	0.809
7	ルワンダ	0.805
8	リトアニア	0.804
9	アイルランド	0.800
10	スイス	0.798
	⋮	
120	日本	0.656

出典：世界経済フォーラム（World Economic Forum）

数値化し、総合評価したものです（1が完全平等、0が完全不平等を示す）。2021年の発表では1位はアイスランド（12年連続）で、日本は156か国中120位となっています。

この目標の、現時点での進捗は以下の通りです。

早期結婚を強《し》いられる女児は減少、リーダーの役割を担《にな》う女性は増加するなど、改善は見られるものの、全面的なジェンダー平等には届いていません。

国際平和と国際協力を推進しているIPU（列国議会同盟）の調査によると、世界の国会議員における女性議員の比率は25％にとどまり、政治の世界でもジェンダー平等は十分には進んでいません。

また、ある国では、ロックダウンによって女性や女児に対する家庭内暴力の件数が30％増大するなど、コロナ禍で家庭での女性の負担が増えたというデータもあります。ただし、医療従事者とソーシャルワーカーに占める女性の割合は70％で、新型コロナ対策で女性が最前線に立ったことを、SDGs報告書は特記しています。

目標6：安全な水とトイレを世界中に

▼すべての人々が衛生的な水を利用できるようにし、持続可能な管理をする

日本に住んでいると、よほどのことがない限り、水やトイレで困ることはないでしょう。テレビで出てくる〝ポツンと一軒家〟でさえも、そうしたことで不自由しているようには見えません。

しかし、**世界では依然《いぜん》として衛生《えいせい》的で安全な飲み水がない、清潔《せいけつ》なトイレが使えない人たちがたくさんいます。**

世界中で、安全に管理された飲料水を利用できない人々は、22億人（2017年）にのぼります。アフガニスタン、カンボジア、エチオピア、オマーン、モーリタニアなどでは、人口の40％以上がこのような状況にあります。

安全な飲み水を確保できない地域は、砂漠であったり干ばつの被害などによって、水資源そのものが不足しているケースだけではありません。むしろ、適切に管理された上下水道施設がないという地域のほうが多いのです。

そうした地域では、生きるために、人や家畜《かちく》の糞便《ふんべん》、生活排水や工場廃水が流れ込んだ川の水、あるいは汚染された土壌《どじょう》から汲《く》み上げる地下水を飲まなければなりません。不衛生な飲み水が原因で病気になり、命を落とす子どもは年間150万人にものぼっています。

今後、人口増加や気候変動によって、地域によってはいま以上に水資源が貴重になることもあり得ます。そうなると、安全な水の価格が上がり、貧困にあえぐ人々はいま以上に入手困難になるかもしれません。

一方、トイレの問題も深刻です。世界で、安全に管理された衛生施設を利用できていない人たちは42億人（2017年）もいます。そのうち、6億7300万人が屋外《おくがい》で用を足しています。

2014年、インドのモディ首相が「5年間で屋外排泄《はいせつ》をゼロにする」政策を提唱しました。当時インドでは「トイレのない生活」を送る人が6億人もいて、衛生面だけでなく、水源が汚染され、それが病気の蔓延《まんえん》につながったり、また、動物に襲《おそ》われるなどの危険にもさらされていました。とくに女性の場合は、夜に屋外へ出ることで暴行を受けるリスクも高まります。

こうした水とトイレの問題は、MDGsでは「環境の持続可能性を確保する」という目標の中のターゲットの1つでしたが、SDGsでは独立した目標として単独で取り上げられています。

この目標の、現時点での進捗は以下の通りです。

前述した通り、安全な飲み水を利用できない人は22億人、安全なトイレを利用できていない人は42億人で、これはそれぞれ世界人口の約30%と56%にあたります。以前よりは前進が見られるものの、依然《いぜん》として達成の目処《めど》は立っていません。課題の達成には大規模なインフラの整備が必要で、国によっては達成に必要な資金の61%が不足していると報告されています。

目標7：エネルギーをみんなに、そしてクリーンに

▼すべての人が手頃な価格で、信頼できる持続可能な近代的なエネルギーを利用できるようにする

目標1～6は、基本的にMDGsを踏襲《とうしゅう》したもので、5つのPで言うなら

「People」に該当する項目でしたが、目標7~11は「Prosperity」。ＳＤＧｓで初めてスポットを当てることになった項目です。

目標7は、エネルギー問題です。

いま、世界で電気のない生活をしている人は7億８９００万人います。また、30億人の人々が調理や暖房のために灯油《とうゆ》や薪《まき》など電気以外の燃料を利用しています。

室内で火を焚《た》けば、煙《けむり》で健康を害したり、火災などの原因になったりします。夜、明かりがなければ、勉強も仕事もできません。

ＳＤＧｓは、こうした不便をなくし、すべての人に安定したエネルギーを供給することを目指しています。

一方、供給するエネルギーは「持続可能」であることも求めています。

いま、世界のエネルギーは、石油、石炭、天然ガスなどの化石燃料に大きく依存《いぞん》しています。

化石燃料は有限なので、いずれは枯渇《こかつ》してしまいます。現在、確認されている石油の埋蔵《まいぞう》量は、１年の採掘《さいくつ》量の50・６倍、石炭は52・５倍、天然ガスは114倍といわれています（2016年採掘量を基準として）。つまり、**このままでは50年後には石油も石炭も掘り尽くしてしまう**ことになります。

化石燃料は、温暖化防止の観点からも好ましくありません。化石燃料を燃焼させれば、必ず温室効果ガスであるCO_2が排出されます。

そのため、**今後は太陽光、風力、バイオマスなどの再生可能エネルギーの比率を高めていくことが強く求められています。**

世界のエネルギー使用比率

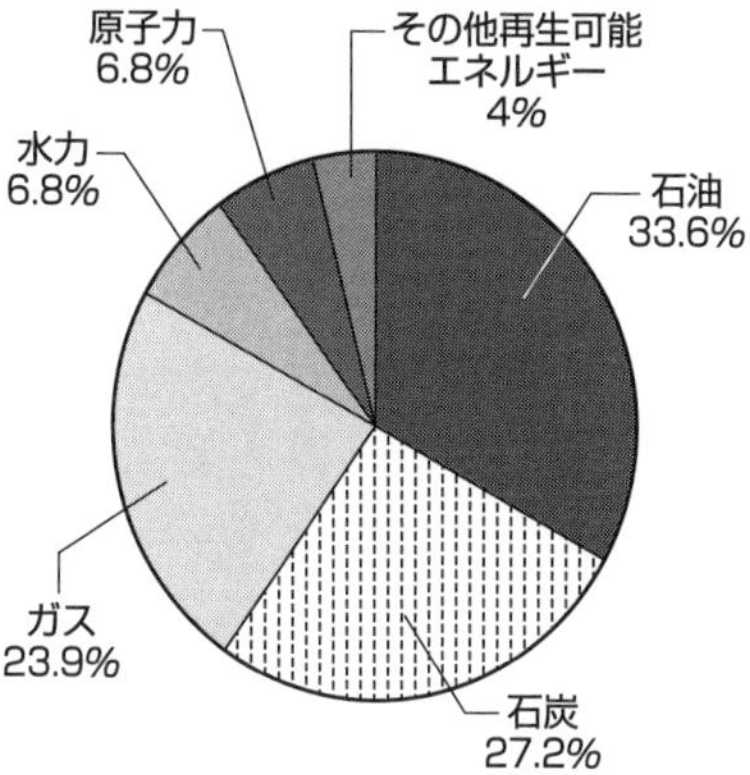

出典：「Statistical Review of World Energy 2019」を基に作成

この目標の、現時点での進捗は以下の通りです。

エネルギー消費量全体に占める再生可能エネルギーの割合は17％であり、再生可能エネルギーへの取り組みをさらに強化することが必要です。

エネルギー効率の改善率は1・7%であり、目標とする3%には達していません。

目標8：働きがいも、経済成長も

▼持続可能な経済成長を目指しすべての人に完全で生産的な雇用、働きがいのある人間らしい仕事を促進する

MDGsにせよSDGsにせよ、国連の提案と聞くと、どうしても世界の困難な状況にいる人たち（必然的に主に途上国ということになりますが）に対し、ゆとりある状況にいる人たち（必然的に主に先進国）が手を差し伸べる、という構図を連想しがちです。事実、MDGsにはたしかにそういう側面がありました。

このSDGsの**8つ目の目標がユニークなのは、世界中のほぼすべての人に対し、〝自分事〟として捉《とら》えることができる目標だということです。**この目標に注目することで、SDGsがずっと身近になったという人もいるでしょう。

ターゲットの8・5は「2030年までに、若者や障がい者を含むすべての男女の完全で生産的な雇用、及び働きがいのある人間らしい仕事、同一労働同一賃金を達成する」とあります。

これは途上国も先進国も関係ありません。働くすべての人にとって、いま、目の前のこと、身近な問題です。

「持続可能」という考え方は、自然環境やエネルギーだけでなく、人間も対象にしています。誰もが働きがいを感じながら仕事をし、その結果、経済が成長することが、持続可能な発展であると言っているのです。

労働にまつわる問題はさまざまです。賃金の男女格差、セクハラ、パワハラから、児童労働や強制労働まで、こうした問題をなくして、かつ、経済を成長させることをSDGsは求めています。意に沿わない労働に従事《じゅうじ》させられたり、過酷な労働環境で体や心を犠牲《ぎせい》にすることなく、また、環境を悪化させることなく、経済成長を続けていきましょうという提言です。

この目標の、現時点での進捗は以下の通りです。

2010~2018年の1人当たりのGDP成長率は2・0%でしたが、2019年には1・5%と、世界経済の成長は減速傾向にあります。

加えて、2020年は新型コロナウイルスの影響で、1人当たりのGDPが4・2%マイナスとなる見込みであり、世界は大恐慌以来最悪の景気後退に直面しています。

コロナ禍で、インフォーマル経済（個人事業主や家事労働者など）で働く16億人の労働者が生計手段を失う恐れがあるとされ、世界の労働者は深刻な打撃を受けています。

目標9：産業と技術革新の基盤をつくろう

レジリエントなインフラを構築し、誰もが参画できる持続可能な産業化を促進し、イノベーションを推進する

SDGsの文章を見ると、ときどき、あまり見慣れない言葉が出てきます。「レジリエント」もその1つ。最近ではビジネス書などでもたまに目にしますが、「強靭」「しなやか」「復元力がある」などの意味です。

レジリエントなインフラとは、単純にいってしまえば、自然災害や障害などに強い、交通網、電気、ガス、水道などのライフライン、インターネットなどの情報入手・伝達手段ということになります。

こうしたレジリエントなインフラは、生活の水準を向上させるためだけでなく、産業の発展にとっても不可欠です。

この目標9が目指しているのは、とくに発展途上国において、産業を盛り上げ、経済成長の原動力にしよう。そのための基盤として、強靱なインフラを整備しよう、ということです。

そういう意味では、目標9は、前項の目標8の働きがい、経済成長の推進と双子の関係といえるでしょう。

経済を発展させるためには、人（目標8）と環境（目標9）の両輪、内側と外側を整備することが大切なのです。

では、世界のインフラの現状はどうなっているでしょう。

たとえば、交通アクセスで言えば、全世界で20億人の人々が、全天候道路に簡単にはアクセスできない環境、つまり都市部から離れた村落や過疎地に住んでいるとされています。これは不便な生活を強いられるというだけではなく、経済活動も制限され、生産性も上がらない、貧困から脱却できない、ということを意味しています。

また、インターネットの普及率は、先進国では約81％ですが、発展途上国で約40％で、誰もが気軽にアクセスできるわけではありません。さらに後発途上国（途上国の中でも、開発が遅れている国）では約18％と、大きく遅れをとっています。

この目標の、現時点での進捗は以下の通りです。

目標8で述べた通り、経済は新型コロナウイルスのせいで後退しています。しかし、経済の発展を鈍らせているのはコロナ禍だけではありません。コロナ以前から製造業の成長率は低下していて、これは関税と貿易摩擦が原因です。

コロナ禍で、交通インフラも大きな影響を受けました。とくに国際的な移動手段である航空機利用者は51％減少しました（2020年1～5月）。航空業界は、史上最大の急落に直面しています。

目標10：人や国の不平等をなくそう

▼国内および各国間の不平等を是正する

これまで見てきた目標にもあるように、SDGsは貧困、飢餓、教育、衛生、インフラなどさまざま視点から〝世界を良くする〟ための提案を行なっています。

目標10では、ただ貧困があること、不衛生な環境があることが問題であるだけでなく、それらが不平等に存在していることが、大きな問題であり、これを解消すべきだという立場を表明しています。

ターゲット10・1では、「各国の所得下位40％の人々の所得の伸び率を、国内平均を上回る数値で着実に達成し維持する」としています。

まどろっこしい表現ですが、所得の低い人の所得をより伸ばすことで、格差を縮《ちぢ》めようと提案しているのです。

つまり、世界のどこかに極度に貧しい人がいることではなく（これは目標

1で対応します）、いま、同じ国内でさえも裕福な人と貧しい人がいることが問題なので、これをなんとかしましょう、というのが目標10のターゲット10・1なのです。

ここで所得について言及しているように、不平等の問題は、経済面に象徴的、かつ集約的に表れています。

国際NGOオックスファムは、「世界のトップ富豪2153人の資産の合計は、世界人口の60％にあたる46億人の富を上回る」と2020年版の報告書で告発しています。

また、「世界のトップ富豪22人の資産は、アフリカの女性全員が所有している資産を上回る」とも言っています。これは、富の格差だけでなく、性別による格差にも言及する報告です。そしてこうした経済的格差は、なにも手を打たなければ次第に拡大していきます。資本をもつ者が、より多くの富を得る。それが、世界の経済の仕組みだからです。

もちろん、目標10で扱っているのは、経済の不平等だけではありません。ターゲット10・2で、「年齢、性別、障がい、人種、民族、生まれ、宗教、経済状態などにかかわらず、すべての人が、能力を高め、社会的、経済的、政治的に取り残されないようにする」と言っています。

たとえば、障がいがある、という理由で、本来受けられるべき教育が受けられない、少数民族の声が政治に反映されない（その結果、弾圧《だんあつ》される）、といったすべての不平等をなくそう、というのがこの目標10の趣旨《しゅし》です。

この目標の、現時点での進捗は次の通りです。

所得の不平等は、いくつかの国では縮小しています。国連広報センターは、入手可能なデータがある84か国のうち38か国でジニ計数が低下していると報告しています。

ジニ係数とは、所得の不平等を示す係数で、数値が高ければ格差は大きく、低ければ格差も低下しているということになります。

この不平等の問題にも、コロナ禍が影響を及ぼしています。**社会で最も弱い立場の人たち（高齢者、障がい者、子ども、女性、移民・難民）がコロナの打撃を最も受けている**からです。

また、コロナ禍による世界的な景気後退で、途上国への開発援助が縮小される恐れがあると懸念《けねん》されています。

目標11：住み続けられるまちづくりを

都市や人間の居住地を、誰も排除されず、安全かつレジリエントで持続可能にする

「まちづくり」と言っているように、農村部や山間で暮らす低所得の人たちではなく、都市部で暮らす人々について言及しているのが、目標11です。

これもある意味で「誰1人として取り残さない」という理念に基づいています。

SDGsが採択された2015年の時点では、世界の都市部で暮らす人の人口は、35億人。全人口の約半数でした。しかし、都市人口は年々増え続け、2030年までには、世界人口のほぼ60%を占めるようになると予測されています。

都市部の人口比率が増えるのは、都市のほうが、医療など社会サービスが

受けやすい、雇用機会が多いなどの理由があります。シンプルに言えば、便利だからです。

しかし、便利であるからといって快適であるとは限りません。

都市部には都市部の問題があります。たとえば、住居費や生活費が高すぎる、交通渋滞、排気ガス等による空気汚染、多発する犯罪……こうしたデメリットを考慮して、都市から地方へ、いわゆる〝田舎暮らし〟を始める人も近年は増えているようです。

世界に目を向けると、スラムの問題が深刻です。スラムでは、狭い区域に多くの人が密集して暮らしています。また、電気や上下水道など基本的なインフラも整っていないところも多く、家にトイレがないなど衛生環境もよくありません。こうした極貧の生活環境は、犯罪が起こる原因の1つともされています。

また、ここでも目標9同様「レジリエント」という言葉が使われています。この場合は災害にあってもダメージを受けにくい、ダメージを受けても復旧しやすいという意味です。

都市部は便利ですが、その分、大きな災害に弱い、という弱点があります。もしも東京で直下型地震があったら、死者は2万人を超えると予測されています。人口が密集しているため、建物の倒壊や火災などによる被害が大きくなるからです。都市部に人口が集中するほど、災害への備えが都市計画の重要な課題になります。

この目標の、現時点での進捗は以下の通りです。

世界で、スラムで暮らす人の割合は24％。世界の約4人に1人は、スラムで暮らしていることになります。この割合は、2000年の39％から徐々に減っていましたが、2014年頃からわずかに上昇に転じています。

都市部の災害に対する脆弱《ぜいじゃく》さは、コロナ禍でも浮《う》き彫《ぼ》りになりました。新型コロナウイルス感染者の90％以上は都市居住者です。

また、都市部でも、バスや電車など公共交通機関への便利なアクセスが可能なのは、住民の約半数となっています。都市だからといっても必ずしも十分な利便性を確保できているとは限らないのです。

目標12：つくる責任、つかう責任

持続可能な生産形態・消費を確実にする

目標12は、廃棄物《はいきぶつ》についての提言です。

国連の提言というと、加盟国に対して、つまり国に対しての提言であることがほとんどですが、SDGsには、民間企業や個人に対する提言も含まれています。たとえば、この目標12がそうです。

ターゲットには「モノや食品をつくる過程で廃棄物を出さない」「できるだけ、リデュース、リユース、リサイクルできる製品をつくる」「持続可能性に関する情報を定期報告する」などとありますが、これらは民間企業に向けての提案です。

また、「食品ロスを削減する」ことも書かれていますが、これは事業者に向けた提言であるとともに、私たち消費者一人ひとりに向けた提言でもあります。世界の食品ロスの約半量は、家庭ゴミから出ているからです。

現代の人類社会は、地球の生態系の再生能力の１・75倍を消費している、という報告については前章で触れましたが（27ページ参照）、このままいけば、将来はもっと深刻な事態になります。

２０００年に60億人だった世界人口は、２０５０年には96億人に達すると予測されています。そうなると資源の消費量も当然増え、食料需要は計算上44・7億トンから69・3億トンまで増加するということになります。もしそうなったら、飢餓に苦しむ人々が現在の2・5倍に増え、20億人に達すると、シミュレーションの結果が物語っています。

そんな中、飢餓で苦しむ人がいる一方で、まだ食べられる食品が捨てられている、という矛盾した現実があります。

ＦＡＯ（国連食糧農業機関）の調査によれば、世界の食料生産量の3分の1にあたる、約13億トンの食料が毎年廃棄処分されていると報告しています（２０１７年）。

日本の食品ロスはというと、年間６１２万トン（２０１７年）。これは、国民一人ひとりが毎日ご飯一杯分の食べ物を捨てている、という計算になります。さらに、この６１２万トンという数字は、世界が途上国に援助している食料390万トンの約1・6倍に相当します。

生産と消費、廃棄のバランスを考えた生活形態を模索《もさく》しなければ、持続可能な世界は実現しない、というのが目標12の提言です。

この目標の、現時点での進捗は次の通りです。

全世界のマテリアル・フットプリントは、2010年から2017年にかけて、732億トンから859億トンに増加しています。

マテリアル・フットプリントとは、天然資源の消費量を表す指標です。この指標が示しているように世界は依然として持続不可能な形で天然資源を利用し続けているのです。

パソコン、スマートフォンなどの進化が加速することで、古い機種などの廃棄が増え、電気・電子機器の廃棄物は2010年から2019年にかけて38％増加しています。しかしリサイクル率は20％未満となっています。

また、2020年のSDGs報告書では、コロナ禍はより持続可能な未来を実現する復興計画を策定する良い機会になり得ると提案しています。

目標13：気候変動に具体的な対策を

気候変動とその影響に立ち向かうために、緊急対策を実施する

地球温暖化が科学者の間で注目されるようになったのは、１９７０年代のことです。その後、１９８５年にはオーストリアのフィラハで、地球温暖化に関する初めての国際会議が開かれました。一般に広く注目されるようになったのは、21世紀に入ってからですが、科学者の間ではずいぶん以前から、その危険性が指摘されていたのです。

ではいったい地球の平均気温はどのくらい上昇しているのでしょう。

ＩＰＣＣ（気候変動に関する政府間パネル）の報告によれば、１８８０〜２０１２年の間、世界平均地上気温は０・85度上昇しています。つまり産業革命前に比べて、現代は1度近く気温が高くなっている、ということです。

このままの状態が続けば、２１００年までに最大３・２度気温が上昇する可能性があると予測されています。ちなみに**３度の気温上昇で、自然環境や人間社会に大きな影響が出る**といわれています。

地球温暖化の影響は、さまざまな形で現れます。

まず、海面の上昇により、陸地が少なくなります。南太平洋のツバルやキリバスなど小さな島国は、国土そのものがなくなってしまうことが心配されています。沿岸《えんがん》部では高潮《たかしお》のリスクが増加します。

生態系への影響もあります。生物固有の生息域は、高緯度《いど》に移動するでしょう。陸地の減少も考慮すると、全体的に動植物は減少すると予想されます。

気候の変化は最も深刻です。海面の温度が上昇し、大気の動きに影響を及ぼすことで、台風が大型化し、豪雨が頻発《ひんぱつ》するようになります。それに伴い洪水や土砂崩れなどの災害も起こります

反対に、雨や雪が少なくなる地域も増え、飲料水や灌漑《かんがい》用水が不足します。砂漠化する地域も増えると言われています。それに伴う食料不足も懸念されています。

こうした変化は、すでに進行しています。2020年にはアメリカ・カリフォルニア州で大規模な山火事が発生し、30人以上が死亡する惨事《さんじ》になっています。こうした山火事は、地球温暖化による高温・乾燥化が影響している

可能性があり、実際に山火事の規模は過去40年間で8〜10倍に拡大していることを、イギリスの研究チームが指摘しています。

目標13では、「緊急対策を実施する」ことを提案しながら、具体的な数値には言及していません。SDGsが採択された国連総会は2015年9月に行なわれましたが、その3か月後の同年12月、パリでCOP21（国連気候変動枠組条約第21回締約国会議）が開かれることになっていたからです。

パリでは、世界の平均気温上昇を産業革命前と比較して2度より十分低く保つ（2度目標）とともに、1・5度を努力目標とすると定められ（1・5度目標）、パリ協定として採択されました。

9月に採択されたSDGsは、具体的な数値については、この後に決定する「パリ協定」を尊重し、これに準ずるという立場を取っているのです。

この目標の、現時点での進捗は以下の通りです。

温室効果ガスの排出削減量は目標に達しておらず、このままだと前述した通り地球の気温は2100年までに最大3・2度上昇する見込みです。

一方で、コロナ禍により経済活動が縮小したことで、温室効果ガス排出量は6％減少することが見込まれています。しかしそれでもなお、気温上昇を1・5度に抑えるために必要な、年間7・6％の削減には達していません。気候変動による、山火事、干ばつ、台風、洪水などの自然災害の頻度と深刻度は引き続き悪化していて、2018年度には被害者3900万人を上回ったと報告されています。

目標14：海の豊かさを守ろう

▼海洋と海洋資源を持続可能な開発に向けて保全し、持続可能なかたちで利用する

海洋の汚染が、いま、世界のさまざまな地域で問題になっています。風光《ふうこう》明媚《めいび》な景勝地《けいしょうち》で大量のプラスチックゴミが海岸に打ち上げられるといった〝目に見える〟問題だけでなく、もっと深刻な事態が進行しているのです。

たとえば、海洋資源の乱獲《らんかく》。海洋生物は、1970〜2012年の40年あまりで49％減少したという調査結果があります。日本でもマグロやウナギの

漁獲量《ぎょかく》が減り、価格が高騰《こうとう》しているというニュースをよく耳にします。

ＪＡＩＣＡＦ（国際農林業協働協会）によれば、いま、世界の魚のうち33％は獲りすぎの状態になっているといいます。「まだ余裕がある」のはわずか７％、残りの60％も、もう限界に達しつつある、と警告しています。

乱獲の問題は、水産資源の減少だけにとどまりません。いま、世界に漁業従事者は３億人いると言われていますが、そのうち90％を小規模漁業が占めています。さらにその約50％を女性が担《にな》っています。

乱獲により水産資源が減少し、魚が獲れなくなると、漁業自体が立ち行かなくなります。そうなれば、多くの小規模漁業事業者の生活に影響が出ることは避けられません。

また、海洋酸性化の問題も深刻です。大気中にCO_2が放出されると、海水がこれを吸収して酸性化が進みます。すると、海水の化学性質が変化して、二酸化炭素を吸収する能力が低下します。そうなると、大気中のCO_2がますます増えて、温暖化が加速すると考えられています。また、サンゴや貝類など生態系への影響も指摘されています。いま、海洋の酸性化は、産業革命前の水準に比べて、26％上昇しています。

さらにここ数年、とくに注目されているのが、マイクロプラスチックです。

２０１６年の世界経済フォーラム（ダボス会議）での報告によると、１９６４～２０１４年の50年間で、プラスチックの生産量は20倍に増えています。そして、毎年少なくとも約８００万トンが海に流出しているとしています。こうしたプラスチックが微細《びさい》化して、直径５ミリ以下のプラスチック片となったものが、マイクロプラスチックです。

人工的につくり出されたこの物質は、自然界で分解されるまで、１００年以上の年月がかかります。その間、生態系のバランスを崩したり、これを食べた魚を人間が食べることで、プラスチックに使われる有害な添加物が人体に影響を与えたりすることが懸念されています。

この目標の、現時点での進捗は次の通りです。

海洋の酸性化は、引き続き海洋環境と生態系サービスを脅威《きょうい》に晒し続けています。このままだと、２１００年までにさらに１００～１５０％上昇し、海洋生物の半数に影響が出ると予測されています。

一方で、海洋資源を守る取り組みも進められています。

海洋生物多様性を守るために保護区に指定された地域は、30・5％（2000年）から46・0％（2019年）に増えています。

また、世界の97か国が、違法・無報告・無規制漁業に関する拘束力《こうそくりょく》をもつ初の国際協定である「PSMA協定（違法漁業防止寄港国措置協定）」に署名しました。

新型コロナウイルスで、経済活動が劇的に減少したことは、海洋が回復するチャンスとなる可能性があると、SDGs報告書は指摘しています。

目標15：陸の豊かさも守ろう

▼陸の生態系を保護するとともに、持続可能な利用を促進し、持続可能な森林管理を行ない砂漠化を食い止め、土地劣化を阻止・回復し、生物多様性の損失を食い止める

目標15の本文は、他に比べてずいぶんと長文で盛りだくさんです。

森林、湿地、山地、乾燥地を保全・回復する。砂漠化に対処する。生態系を守る。絶滅危《き》惧《ぐ》種を保護する。遺伝資源を公平に分ける。密漁・違法取引をなくす。外来種の侵入を防ぐ……**一言でいってしまえば「自然を守ろう」**ということですが、もう少し学術的な言い方をするなら**「生物多様性を保全しよう」**ということになります。

ちなみに「遺伝資源」とは、植物、動物、微生物などで、産業や研究などに利用できる遺伝的な情報をもつもののことです。

そもそもなぜ、生物多様性を守ることがそれほど大切なのでしょうか。それは「自然の恵み」が私たち人類にとって大切なものだからです。

私たち人類は、地球の生態系（動物、植物、土壌、環境など）からさまざまな恩恵を受けています。食料はもちろんのこと、医薬品の原材料、建物をつくる木材、光合成などによる大気質調整機能、水質浄化機能などなど。**この仕組みを「生態系サービス」といいます。**

たとえば、森林があることで山の保水力を維持し、災害から人を守る、などということも含まれます。

現在、地球上には確認されているだけで約１７５万種、まだ発見されていないものを合わせると最大３０００万種もの生物が生息していると考えられています。これらのさまざまな生物が、食物連鎖や共生など複雑な関わりを持ちながら、生態系サービス（自然の恵み）を生み出しているのです。

ところが、ＩＰＢＥＳ（生物多様性及び生態系サービスに関する政府間科学対策プラットフォーム）の報告によると、**いま、人類の活動によって約１００万種の動植物が絶滅の危機に晒されています。**

もしも生態系のバランスが崩れて、生物多様性が損なわれると、人類が受け取ることができる生態系サービスに大きく影響することは間違いありません。自然を守ることは、地球の生態系というシステムそのものを守ることであり、私たち人類を守るために必要なことであり、しかも、それを破壊しつつあるのは私たち自身であることを、ＳＤＧｓは警告しているのです。

ＳＤＧｓ全体は基本的に２０３０年を期限としていますが、目標15のターゲットの中には２０２０年を期限とするものがいくつかあります。これは、２０１０年のＣＯＰ10で合意された20項目の目標（愛知目標）を優先しているためです。

この目標の、現時点での進捗は以下の通りです。

2020年現在、3万1000種を超える生物がいまだ絶滅の危機に瀕《ひん》していて、生物多様性損失を阻止するというターゲットを達成できていません。

また世界で、毎年1000万ヘクタールの森林が破壊され続けています。主に農地開拓によるものです。地球上の陸地のうち、20億ヘクタールが劣化し、約32億人がその影響を受けています。

目標16：平和と公正をすべての人に

▼持続可能な開発のための平和で誰をも受け入れる社会を促進し、すべての人が司法を利用できるようにし、あらゆるレベルにおいて効果的で説明責任があり、誰も排除しない仕組みを構築する

第二次世界大戦が終結し、日本では8月15日が「終戦記念日」となり、戦

争は過去の出来事になっていますが、世界にはいまも銃声が止《や》まない地域があります。アフガニスタン、イラク、シリアなどの国々では2011年頃から内戦や紛争が頻発しています。

ユニセフによれば、紛争の影響を受けている国や地域で暮らす子どもは約2億4600万人います。こうした地域では、経済が破綻し、難民・移民が急激に増えています。環境も劣悪《れつあく》で、教育など十分な公共サービスも受けられず、多くの子どもたちが、過酷《かこく》な環境での生活を余儀なくされています。

命を脅《おびや》かすという意味では、必ずしも紛争や抗争が最大のリスクというわけではありません。

国連の統計では、全世界で年間50万人近くの人々が殺人をはじめとする暴力事件で命を奪われています（2017年）。これは、同じ年の武力紛争による死者8万9000人、テロによる死者1万9000人を大きく上回っています。しかも、こうした暴力の犠牲者の割合は、途上国は先進国の2倍、とくにラテンアメリカでは治安が悪化していて、4倍にものぼります。

さらに、暴力は子どもたちの最も身近なところにも迫っています。

子どもに対する虐待が、世界でも大きな問題となっていて、WHO（世界保健機関）は、2～17歳の子どもの2人に1人が、暴力や虐待の犠牲になっていると報告しています。これには、身体的虐待だけでなく、精神的虐待や体罰も含まれます。

ターゲット16・9では、出生登録されていない子どもたちについても言《げん》及《きゅう》しています。世界では、出生時に登録されずに、法的な身分証明をもたない5歳未満の子どもが、1億6600万人いると報告されています。

これは実に4人に1人という高い割合です。このうちの半数は、インド、ナイジェリア、エチオピア、パキスタン、コンゴ民主共和国の5か国に集中しています。

誰もがこのような**暴力の被害者になることがないように、SDGsは公正な仕組みと司法機関が必要だと訴えている**のです。

この目標の、現時点での進捗は以下の通りです。

武力紛争で命を落とす民間人は、1日あたり100人にのぼります。

戦争や迫害《はくがい》から逃れる人々の数は7950万人を超え（2019年）、史上最多となっています。こうした人たちが生活する難民キャンプは、十分に衛生的な環境とはいえず、新型コロナウイルスの蔓延《まんえん》が懸念されています。

一方、世界の殺人率は、人口10万人あたり5・9人（2015年）から5・8人（2018年）となり、ゆるやかに低下しています。

目標17：パートナーシップで目標を達成しよう

▼持続可能な開発のための実施手段を強化し、グローバル・パートナーシップを活性化する

MDGsでも8つの目標の最後が「パートナーシップ」だったことを踏襲して、SDGsの目標17もパートナーシップを扱っています。

たとえば経済的パートナーシップ。SDGsの目標を達成するには、膨大《ぼうだい》な資金が必要です。UNCTAD（国連貿易開発会議）の報告では、2030年に目標を達成するには、現状では年間2兆5000億ドルの資金が不足していると算出しています。SDGsの目標には、貧困、飢餓、衛生環境な

ど、途上国でより深刻な問題が多く挙げられていますが、そもそもこうした問題を解決するための国家財政が、途上国には不足しているということが問題だったわけです。

地球規模の問題を解決するには、どうしても国際間の協力、つまり先進国から途上国への援助が必要なのです。

目標17では、19のターゲットを、資金、技術、能力構築、貿易、政策・制度的整合性、マルチステークホルダー・パートナーシップ、データ、モニタリング、説明責任と項目を分けて示しています。

資金については、先進国が途上国に対して、GNI（国民総所得）比0・7％のODA（政府開発援助）を実施することを目標としています。

その他、技術協力を実施し、国家計画を支援、そして後発開発途上国からの輸入シェアを倍増させるなど、先進国の途上国への協力について言及しています。

マルチステークホルダー・パートナーシップでは、ODAなどの国家間の協力だけでなく、官民、あるいは民間の協力体制を要請しています。

最後のデータ、モニタリング、説明責任では、ＳＤＧｓの進捗が確認できるよう、データを入手して、集計できるようにすることが目標として掲げられています。

現在、途上国の実態を把握《はあく》しようとしても、正確なデータを入手できないことが問題となっているのです。

この目標の、現時点での進捗は以下の通りです。

２０１９年のＯＤＡ総額は１４７４億ドルで、２０１８年（＝１４９０億ドル）とほぼ同額でした。ただし、アフリカへの援助額は１・３％、後発途上国への援助額は２・６％とわずかながら増えています。

２０１９年、多くの貧困世帯にとって経済的な命綱《いのちづな》である、低・中所得国への送金は５５４０億ドルでしたが、２０２０年はコロナ禍の影響で、４４５０億ドルに減少する見込みです。

また、世界の外国直接投資に関しては、２０２０年に最大で40％減少する見込みです。

3章

いま、企業はSDGsとどう向き合っている？

企業には、どんな社会的責任がある？

「最近、ＳＤＧｓに取り組む企業が増えている」と言われますが、企業が社会のためになんらかの活動に取り組むことは、昨今、急に始まったというわけではありません。

ＳＤＧｓという言葉が広く知られるようになる以前は、こうした活動はＣＳＲ（Corporate Social Responsibility）と呼ばれていました。ＣＳＲとは、直訳すれば**「企業の社会的責任」**という意味になります。

企業の本業とは別に、社会のためになる活動をする。たとえば、森林保護のために植樹《しょくじゅ》活動をする、海外の貧《まず》しい農村に学校を建てる、あるいは、地域の清掃《せいそう》活動に参加する、というような活動です。

もちろん、本業を活かして、たとえば食品メーカーが、子どもたちに食育の授業をする、というようなことも、よく行なわれます。

こうしたＣＳＲ活動は、「企業市民」という考え方に根ざしています。

企業も社会の中で活動する以上、さまざまなかたちで広く社会と関わっています。当然、ステークホルダー（利害関係者）は、商品やサービスを購入してくれる消費者、従業員、株主だけでなく、取引先や原料調達先、あるいは地域の人たちなどさまざまです。であるからには、社会の一員として、権利を行使するだけでなく、なんらかの貢献をする責任がある。それが、企業市民という考え方です。

大企業ほどこのCSR活動に組織的に取り組んでいて、毎年、ホームページやアニュアルレポート（年次報告書）で活動内容を報告しています。

企業がこうしたCSR活動を取り入れるようになった背景には、高度成長期の反省があります。多くの企業が競って利益を追求した結果、一部の工場では廃水や排気ガスなどによる公害が社会問題となりました。一方で、食品成分や消費期限を偽装《ぎそう》するなどの不祥事《ふしょうじ》が相次《あいつ》ぎました。

そうなると、市民にとっては、企業（とくに大企業）は自分たちの味方ではなく、どちらかというと利害が反するもの、という認識をもってしまいます。一言で言えば、信頼が薄れるわけです。それは企業ブランドにとって、大きなマイナスなのです。

そこで、企業は社会活動に積極的に取り組み、それを広報活動に利用することで、企業ブランドのイメージアップを図《はか》り、かつ、投資家や取引先の好感度を上げて、関係を強化しようとしたのです。

また、従業員満足度、という意味でもCSR活動は効果的です。自分たちの会社が、社会に役立つ活動をしていると考えるとモチベーションも上がりますし、たとえば就活の際に家族に「地域清掃に協力している会社だよ」などと話すことで賛成してもらいやすくなる、というメリットもあります。

社会活動と企業の利益は両立できるか?

現在、企業がSDGsに注目しているのは、こうしたCSR活動の延長と捉《とら》えているからですが、CSRがあくまで地道な活動であまり表に出るものではなかったのに、いま、SDGsに積極的に取り組み、かつ対外的にアピールする企業が増えているのはなぜでしょう。

CSRからSDGsへ、その違いを理解するには、もう1つ、**CSV**という考え方を知っておく必要があります。

CSV（Creating Shared Value）は**「共有価値の創造」**と訳します。ハーバードビジネススクールのマイケル・ポーター教授とマーク・クラマー研究員が提唱《ていしょう》した考え方です。

CSRは、企業が市民の責任として、社会に貢献するという構図でした。それは、自社のイメージアップにつながるものの、自社の本業とは関係のない活動であることがほとんどでした。

一方、**CSVは、社会的課題を自社の強みで解決することで、企業の持続的な成長につなげていこうというもの**です。つまり、自社のビジネスで社会に貢献することで、より企業としての競争力を獲得していく、という考え方です。

CSRのデメリットとして常に言われてきたことは、お金と人の問題です。直接の利益を生み出さない活動ですから、そこにかけるお金と人は、常に負担となります。体力に余裕のある大企業しかなかなかできない、ということになるのです。

一方、**CSVは、社会に貢献することが、企業の利益になります。**たとえば、飲料メーカーが、健康に良い機能性飲料を開発し販売する、ということも、CSVの一例です。飲料を飲めば人々が健康になり、飲料が売れることで、企業の利益にもなります。利益が上がれば、事業は持続し、より多くの人がこの製品を購入し、健康維持に役立てるでしょう。

これはまさに「持続可能な開発」で、SDGsの方向と一致するものです。企業としても、CSR活動はどこか「お金持ちの慈善《じぜん》活動」のような側面が否定できずモヤモヤしていたものが、SDGsでは「経済成長」が盛り込まれていることで、迷いなく取り組むことができるというわけです。

取り組まない企業が抱えるリスク

もう1つ、企業がSDGsに積極的に取り組む理由を挙げましょう。それは、**SDGsが国家や企業だけでなく、一人ひとりの個人にも向けられたも**

のだ、ということです。

前章で述べた通り、ＳＤＧｓのそれぞれの目標の中には、たとえば食品ロスの削減のように、私たち一人ひとりが高い意識をもって取り組まなければ達成できないものも少なくありません。また、たとえばジェンダー平等の実現のように、目標そのものが私たち一人ひとりにとって身近なものであることもたくさんあります。

そして実際、ＳＤＧｓに対する社会の関心は、ＭＤＧｓとは比べものにならないくらい高まっています。ＳＤＧｓに関する書籍が書店に並び、一般誌だけでなく女性誌も特集を組んで注目を集めました。テレビなどのメディアでも「ＳＤＧｓに取り組む企業」が取り上げられることが多くなっています。

企業にとっても、ＳＤＧｓに積極的に取り組むことで、注目度が高まります。メディアでの露出《ろしゅつ》も期待できます。ＳＤＧｓに積極的、というイメージを獲得することは好感度のアップにつながり、ビジネスにとっても大きなプラスになるだけでなく、就活市場での人気も高まります。その効果は、ＣＳＲよりもずっと大きいでしょう。

逆に、SDGsに無関心である、自社の利益ばかり追求して、社会に貢献していない、というイメージをもたれてしまっては、大きなマイナスになりかねません。

SDGsが広まる前の話になりますが、1997年、世界的スポーツメーカーのナイキに対して、世界的な規模の不買運動が起こりました。その理由は、ナイキ製品を製造するインドネシアやベトナムの工場が、低賃金、劣悪《れつあく》な環境で労働力を搾取《さくしゅ》していたこと、中には児童労働や強制労働にあたるケースもあることが、報道されたからです。この問題でナイキが被《こうむ》った損害は、5年間で約1・4兆円と言われています。

SNSが発達した現代では、人々の目はさらに厳しくなり、こうした事態は容易に起こり得ます。ネットでの炎上は企業の大きなリスクです。

SDGsが〝宝の山〟といえるワケ

企業がSDGsに取り組むのは、社会的責任やイメージアップのためという側面がありますが、実は、もっと企業にとって本質的な理由があります。それは、**SDGsは大きなビジネスチャンス**だということです。

２０１７年の世界経済フォーラム（ダボス会議）は、多くの企業にとってSDGsを見る目が変わる契機になりました。

SDGsには、12兆ドルの経済価値がある、と発表されたからです。

その根拠となったのが、BSDC（ビジネスと持続可能な開発委員会）が発表した「より良きビジネス、より良き世界」というレポートです。

それによれば、「食料と農業」「都市」「エネルギーと材料」「健康と福祉」の分野で、企業がSDGsを達成することによって年間最大12兆ドルの経済価値がもたらされる。また、２０３０年までに最大3億８０００万件以上の雇用が創出される可能性があるというのです。ちなみに、ここに挙げた４つの分野は、実体経済（製品・サービスを生産、販売し、それに対価を支払う経済活動のこと）の60％を占めています。

企業がSDGsに取り組むことは、地球の未来のためであるのはもちろんですが、その持続可能な開発に貢献することができれば、企業にとっても大

各目標の市場規模試算

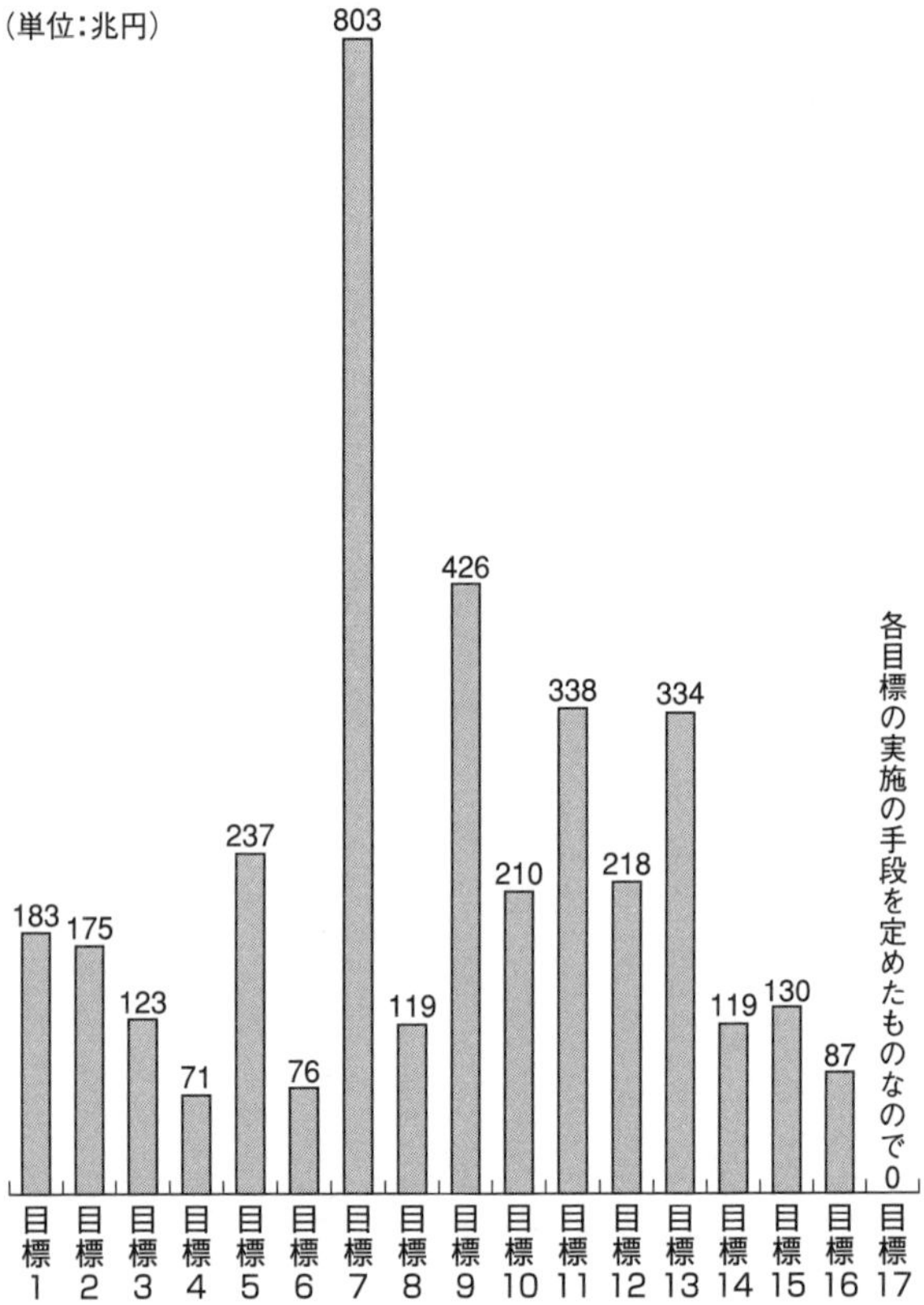

出典：「SDGsビジネスの可能性とルール形成」（デロイトトーマツ）の表を基に作成

きな利益になる可能性があるのです。

ビジネスチャンスは課題があるところに生まれます。社会になにか解決したい課題があれば、それは企業にとってチャンスです。

SDGsは世界共通の目標です。この目標を達成しなければ、地球は存続できないかもしれない、という逼迫《ひっぱく》した課題です。世界中の人々が、目標が達成されることを望んでいます。

もしも、**目標の達成につながるようなブレイクスルー（突破口）が見つかれば、世界市場でアドバンテージをもてる**、ということです。まさにビッグチャンスといえます。ビジネスになる、どころか、SDGsは宝の山、そう考える企業や起業家も少なくありません。

中小企業にもビジネスチャンスがある！

〝宝の山〟SDGsは、大企業はもちろんですが、**中小企業やスタートアップ企業にとっても大きなチャンスになる可能性があります。**むしろ中小企業こそ、SDGsを意識するべき、そう考えられる理由は2つあります。

まず、**新規ビジネスなら大企業と同じスタートラインに立てる**ということ。

これまで、CSR活動に力を入れているのは、主に大企業でした。本業とは直接関係のない、直接利益を生まないことにお金と人を割《さ》くのは、ゆとりある大企業しかなかなかできないことだったからです。

しかし、SDGsは、企業の利益と社会の利益を両立することを目指しています。そうでなければ持続可能とは言えないからです。

しかも、SDGsの目標を達成するためには、これまでにない新しい技術、新しい発想が求められます。つまり、技術力やアイデアがあれば、中小企業でも大企業と同じスタートラインに立てる、ということなのです。

欧米ではすでに多くのスタートアップ企業が、SDGs分野で躍進《やくしん》しています。

たとえば、アメリカで植物由来の人工代替肉製品を開発・販売するインポッシブル・フーズ社は、いま注目のユニコーン企業（評価額が10億ドルを超える未上場のスタートアップ企業）です。同社製品がハンバーガーチェーンのバーガーキングの商品に採用されたことで話題になりました。同社の代替肉製品「インポッシブル」は、創業者のパトリック・ブラウン教授が、工業型畜産農業を廃止するためのアイデアとして考え出したものです。

また、ドイツのスタートアップ企業ウイングコプター社は、通常のドローンよりも飛行距離や積載効率に優れた新方式の固定翼ドローンを開発。タンザニアで60キロ離れた離島への医療物資運搬の実証実験で実績を上げ、投資家の注目を集めました。欧州ではこうしたＳＤＧｓに合致する企業ミッションをもつテック企業（ＩＴ分野を専門として開発・運営する企業）への投資がここ数年で急激に伸びています。

中小企業がＳＤＧｓに取り組むべきもう1つの理由は、目標17の「パートナーシップ」があるからです。

ＳＤＧｓへの理解が徐々に浸透《しんとう》するにつれ、大企業でも自社だけでなく、製品をつくる最初の段階からつくった製品が消費者に届くまでの一連の流れ（バリューチェーン）で取り組むべき課題であるという認識を強くもつようになります。取引先やパートナー企業ともＳＤＧｓの意識を共有し、自社と同等の規範《きはん》を求めるようになっているのです。

たとえば、流通大手のイオンでは、すべてのサプライヤーに対し、従業員の人権が守られた安全で健康的な職場環境が保証され、ステークホルダーや環境への配慮もなされているなかで商品を生産することを要求しています。

大手企業を中心に、バリューチェーン全体での取り組みが始まっている以上、中小企業も同様の意識をもってＳＤＧｓに取り組まなければ、ビジネスチャンスを失うことにもなりかねません。

このコロナ禍で、世界は変革を余儀なくされるかもしれない、アフターコロナは生活もビジネスもまったく新しい価値観で動き出すかもしれない、と言われるいま、中小企業が生き残りを目指すには、ＳＤＧｓは最も押さえておかなければいけないキーワードになるはずです。

いま話題のESGとSDGsの関係とは？

ＳＤＧｓと関連してよく出てくる言葉に「**ＥＳＧ投資**」があります。これもまた、3文字の略語なので、よく混同されがちです。ESGとは**環境（Environment）**、**社会（Social）**、**企業統治（Governance）**のことで、この3つの視点を重視して投資活動を行なうことをESG投資といいます。

それまでの投資の考え方は、利益額やキャッシュフローなど〝数字〟に表れる財務情報を重視したものでした。

ところが、企業の長期的な価値を評価する基準は数字だけではない、という考え方が、近年、次第に広がってきました。

たとえば、

環境………製品の製造過程で汚染物質を放出していないか。使用している原材料は、採取の際に環境を破壊していないか。再生可能エネルギーの導入に積極的か、など

社会………従業員構成においてダイバーシティに配慮しているか。下請け工場で、低賃金で労働力を搾取していないか、など

企業統治…社外取締役を設置しているか。女性管理職を登用しているか、など

このような〝数字〟に表れないところにも目を向けて、企業の健康状態を判断しよう、長く将来にわたって〝持続可能〟な企業かどうか判断して投資しよう、という考え方が、ＥＳＧ投資です。

このＥＳＧ投資という考え方は、実は、ＳＤＧｓより以前に始まったものです。

２００６年、当時の国連事務総長コフィー・アナン氏が、ＰＲＩ（Principles for Responsible Investment＝責任投資原則）を提唱し、世界の投資機関（銀行、保険会社、年金基金など）に、ＥＳＧを投資対象の決定に盛り込むことを提案しました。

ＰＲＩは、投資分析と意思決定のプロセスにＥＳＧ課題を組み込むことをはじめ、６つの原則を示し、賛同する投資家はこれに署名《しょめい》し、遵守《じゅんしゅ》状況を開示・報告することになっています。法的拘束力《こうそくりょく》はありませんが、２０２０年８月時点で３３３２の投資機関が署名しています。

このＥＳＧ投資が、これほど多くの投資機関の賛同を集めたのには、理由があります。２００８年、リーマンショックが起こると、短期的な利益獲得に走った投資スタイルは厳しい批判にさらされることになりました。また、大きな損失を出したことが、反省の契機にもなりました。その結果、多くの投資機関が長期的な展望をもって安定したリターンを期待するような運用を目指すようになったのです。

これからは、ますます環境や社会に対する意識が高い企業でなければ生き残ることができない、投資市場はいま、そう判断しているのです。

また、投資機関として大きな比重を占める年金基金や保険会社の思惑《おもわく》もあります。気候変動によって大規模な災害が増えると被害額が大きくなり、自分たちの株や債券《さいけん》の価値に影響します。気候変動への対応に消極的な企業に投資することはリスクを高めると見なすようになったのです。

世界のＥＳＧ投資額を集計して定期報告しているＧＳＩＡ（Global Sustainable Investment Alliance）によれば、世界のＥＳＧ投資残高は、２０１８年時点で約31兆ドル。２０１４年の約18兆ドルから、４年で2倍近くに増加しています。

ＥＳＧ投資の投資先は、当然、ＥＳＧに配慮している企業、つまり、ＳＤ

Gsへの取り組みを推進している企業になります。実際、こうした企業はコロナ禍でも下落幅が少ないといわれます。

企業にしてみれば、SDGsに積極的に取り組むことが、資金調達につながります。**逆に、SDGsに取り組んでいないという理由で、投資家が離れていってしまうこともあります。**たとえば、アメリカのロックフェラー財団は、2016年、世界的なCO_2削減を見越《みこ》して、石油メジャー最大手のエクソン・モービルの株式を売却すると発表しました。

企業がSDGsへの取り組みをホームページや統合報告書などで積極的に公表しているのは、投資家に向けたIR情報という意味合いが強いのです。

企業活動にとって資金調達は、大きな要素です。SDGsとESG投資は、互いに牽引《けんいん》しあう、表裏一体の関係にあると言えるでしょう。

保険会社や銀行もESGを意識し始めた

PRIが提案され、多くの企業が賛同の意思を示したことで、改めて〝お金〟の流れがＥＳＧに向かいつつあるということを、企業や投資家が意識するようになりました。

この流れは、金融界全般に広がりを見せます。アナン氏が、ＰＲＩを提唱した２００６年、今度は保険業界がＥＳＧに取り組むための協議を始めます。そして６年の協議機関を経て２０１２年、リオ＋20（国連持続可能な開発会議）において、ＵＮＥＰ ＦＩ（国連環境計画・金融イニシアティブ）がＰＳＩ（持続可能な保険原則）を発表します。

ＰＳＩは、ＥＳＧ課題を意思決定に組み込むなど、４つの原則からなっています。保険会社としての商品・サービスはもちろんのこと、投資についての意思決定にもＥＳＧ課題に取り組む、つまりＰＲＩに準ずることを明記しています。

２０１９年、ＵＮＥＰ ＦＩは今度はＰＲＢ（責任銀行原則）を発表します。これもやはり、銀行がＳＤＧｓとパリ協定が示すニーズや目標と自社の経営戦略の整合性をとることを含む６つの原則からなり、地球規模の課題解決に向けた融資に取り組むことを提案するものです。

これで、ＰＲＩ（責任投資原則）、ＰＳＩ（持続可能な保険原則）、ＰＲＢ（責任銀行原則）の3つが出揃《そろ》い「サステナブル金融の3本柱」と呼ばれるようになります（次ページの図参照）。

投資機関は、ＰＲＩに基づいて、株を購入する（投資）というかたちで、ＳＤＧｓに取り組む企業を支援します。

保険会社は、ＰＳＩに基づいて、保険を引き受ける（商品・サービス）、株を購入する（投資）というかたちで、ＳＤＧｓに取り組む企業を支援します。

銀行は、ＰＲＢに基づいて、お金を貸す（融資）、債券を発行するというかたちで、ＳＤＧｓに取り組む企業を支援します。

これで、お金の流れは大きくＥＳＧに向かって流れ始めたということになります。

社会・環境問題の解決に向けてよい影響（ポジティブインパクト）を与える企業やプロジェクトは資金を集めやすくなります。エネルギー分野でいえば、たとえば、再生可能エネルギーや省エネを推進する事業、電気自動車や省エネ住宅などです。

サステナブル金融の3本柱

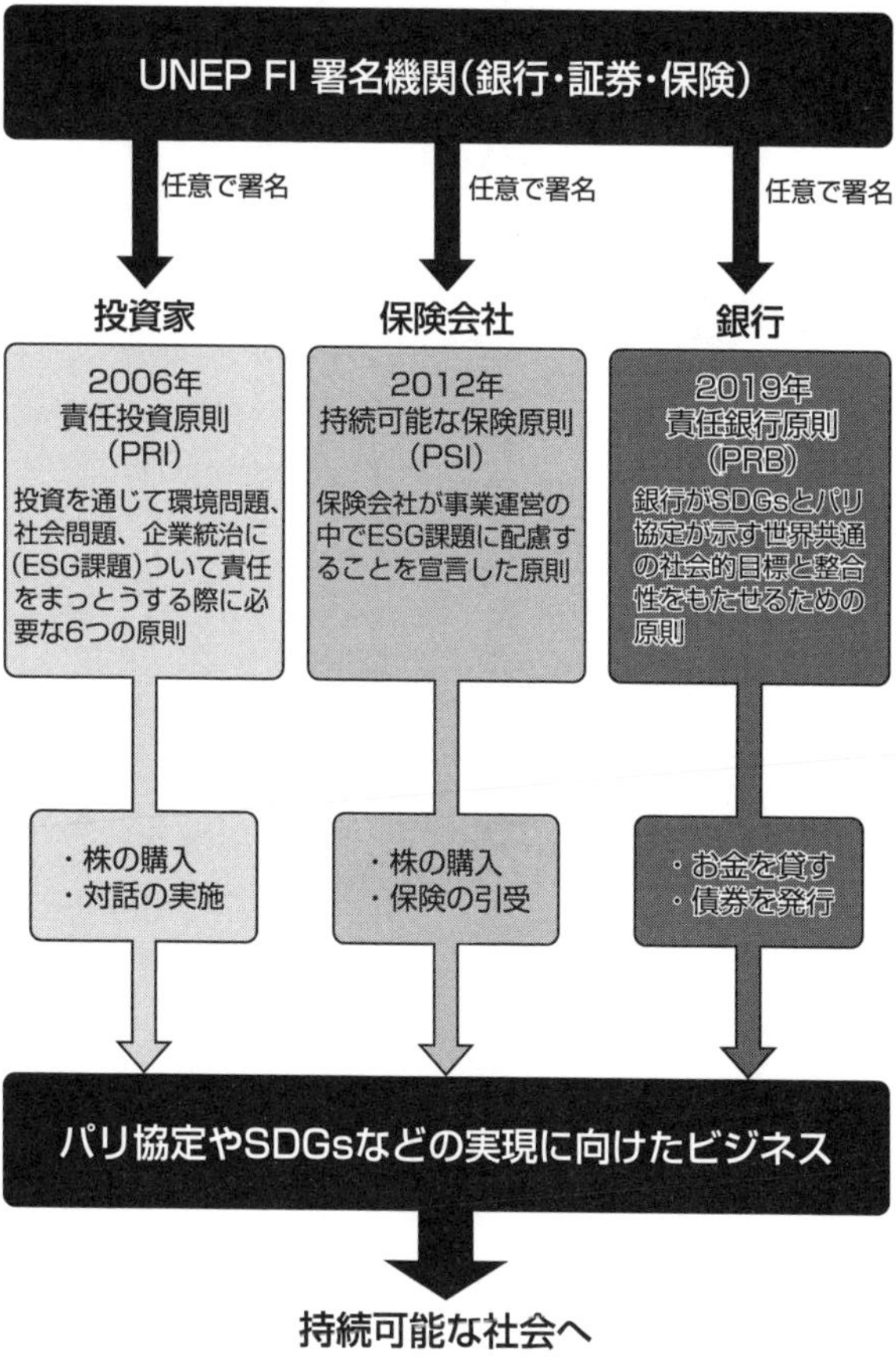
UNEP FI 署名機関（銀行・証券・保険）
任意で署名
任意で署名
任意で署名
投資家
保険会社
銀行
2006年
責任投資原則
（PRI）
投資を通じて環境問題、社会問題、企業統治に（ESG課題）ついて責任をまっとうする際に必要な6つの原則
2012年
持続可能な保険原則
（PSI）
保険会社が事業運営の中でESG課題に配慮することを宣言した原則
2019年
責任銀行原則
（PRB）
銀行がSDGsとパリ協定が示す世界共通の社会的目標と整合性をもたせるための原則
・株の購入
・対話の実施
・株の購入
・保険の引受
・お金を貸す
・債券を発行
パリ協定やSDGsなどの実現に向けたビジネス
持続可能な社会へ

反対に、社会・環境問題に対してマイナスの影響（ネガティブインパクト）を与えかねない企業やプロジェクトは、資金を集めることが困難になるでしょう。時には金融機関が投融資を撤退（ダイベストメント）するということもあるかもしれません。エネルギー分野でいえば、石炭火力発電などのCO_2排出量削減に逆行するような事業です。

ちなみに2019年に発表されたPRBについては、署名をしても実施《じっし》まで4年の猶予《ゆうよ》があるので、これからの動向が注目されています。

企業はどうやってSDGsに取り組めばいい？

これからはSDGsに真剣に取り組まなければ生き残れない。ここ数年で認識を新たにした企業も多いと思います。

それまで、環境問題に関心はあっても、事業活動とは別次元のもの。だから、環境問題に抵触《ていしょく》して炎上したりしないように気をつける程度の、リスク要因と捉《とら》えられることもあったでしょう。

しかし、お金の流れがESGに向いている以上、SDGsに取り組まないことのほうがリスクが大きい。いや、それ以上に、将来を見据《みす》えれば、SDGsはビジネスチャンスでもある、そう考える企業が増えてきています。

そんな中、企業が実際にSDGsに取り組もうとすると、どこから手をつけたらいいのかよくわからない。そう悩んでいる担当者も多いのではないでしょうか。ここでは「SDGコンパス」で示された5つのステップに沿って、基本的な流れを見ていきましょう。

SDGコンパスとは、GRI（Global Reporting Initiative、140ページ参照）、UNGC（国連グローバル・コンパクト、145ページ参照）、WBCSD（持続可能な開発のための世界経済人会議）が共同で作成した、企業向けのSDGsを導入するための指針です。

ステップ1　SDGsを理解する

17の目標など、SDGsの基本を理解します。最初から全社員が理解することを求めるより、まず、経営層、次にリーダーと、キーになるメンバーから始めると効率的です。

ステップ2　優先課題を決定する

自社のバリューチェーン全体を通して、ＳＤＧｓがどう関わるのかを把握《はあく》します。プラスの影響もマイナス影響もすべて洗い出して、優先的に取り組むべき課題を絞《しぼ》り込みます。

ステップ3　目標を設定する

計測可能で期限付きの目標を定めます。目標を決めたら、広く公表することで、従業員のモチベーションも上がり、外部のステークホルダーとの建設的な対話につながります。

ステップ4　経営へ統合する

設定した目標を事業に取り込みます。取締役クラスの経営判断と、組織改革が必要になります。また、目標によっては企業単独での実現は難しいこと

SDGコンパス

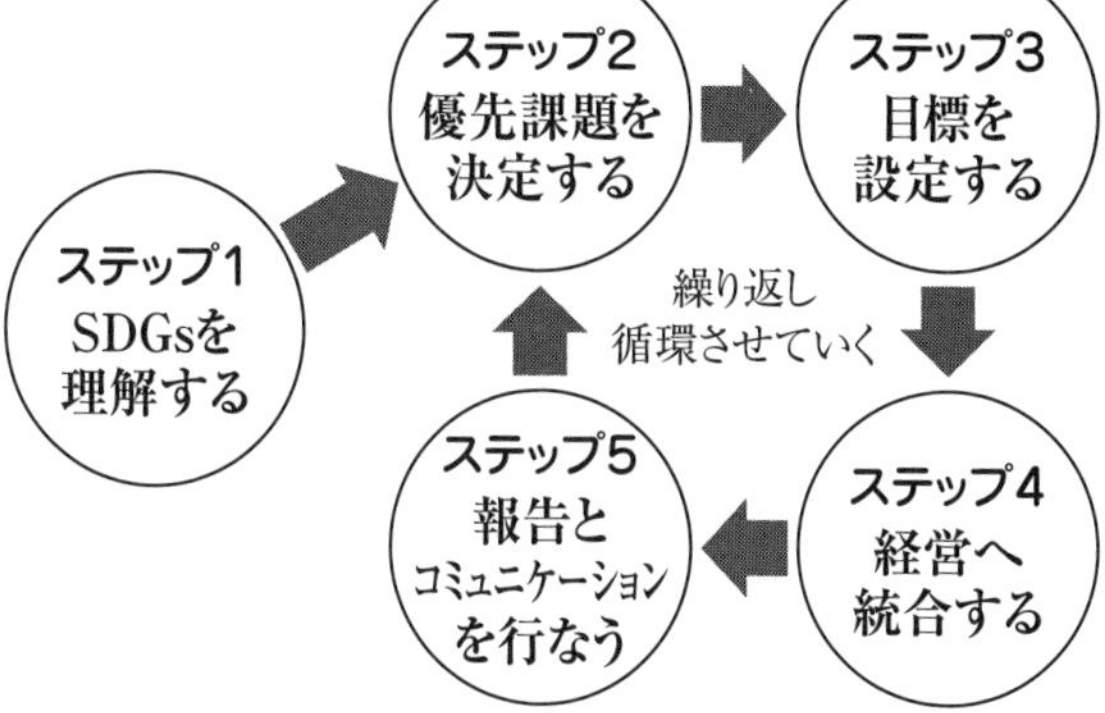

出典：「SDGCompass」の図を基に作成

もあるので、関連企業、取引先とのパートナーシップに取り組むことが必要になるかもしれません。

ステップ5　報告とコミュニケーションを行なう

目標に向けての進捗を社内外に報告します。CSRの時代は、外部への報告は主に投資家を想定したものでしたが、いまは、ホームページなどを通して一般生活者に向けて情報発信する企業も増えています。

SDGコンパスでは、ステップ

5のコミュニケーションを通して、さらに次のステップ2～5へと、繰り返し循環させながらステップアップしていくことを推奨しています。

企業が取り組むための最初のステップ

企業がSDGsに取り組もうとするときに、まず、自社の活動がSDGsの目標とどう関わっているのかを把握することが大切になります。そのための作業が「マッピング」です。

これは、前述の5つのステップに当てはめると、ステップ2の「優先課題を決定する」ための手法の1つです。もちろん、マッピングを行なうには、まずSDGsの理解がある程度浸透していること（ステップ1）が必要条件になりますが、SDGsの17目標は幅広いテーマを扱《あつか》っていますし、ターゲットは169もあります。すべてを把握してからでないとSDGsを推進できない、というわけではありません。

まずマッピングをやってみることで、SDGsに対する理解を深めていく、

SDGsマッピングの例

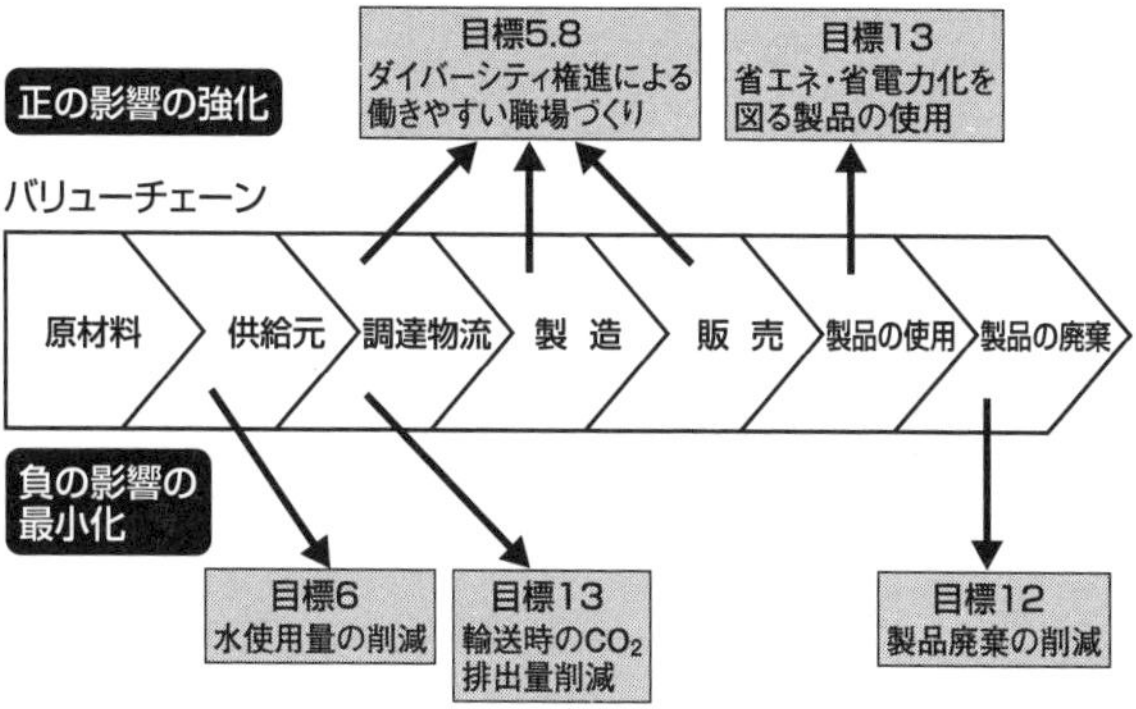

ということもできます。

マッピングは、自社のバリューチェーンの流れを書き出してみることから始めます。バリューチェーンとは、原材料の調達から、生産、加工、製造、販売、さらに製品がお客様に届いたあとのアフターサービスまで、価値を生み出していく一連の流れのことです。

その流れの中のどの工程にSDGsのどの目標が関係しているのか、どのように関わっているかを紐《ひも》付けていきます。

たとえば、メーカーの場合、水の使用量を削減して商品を製造しているのなら、目標6「安全な水とトイレを世界中に」が紐付きます。

また、同一賃金同一労働を実践しているなら、目標5「ジェンダー平等を実現しよう」、目標8「働きがいも、経済成長も」に紐付きます。

一方、製造段階でCO_2削減《さくげん》を実現できていないなら、目標13「気候変動に具体的な対策を」にマイナスに紐付くことになります。

このようにバリューチェーンの流れの中で、SDGsとの関わりが見えてくると、SDGsを通した自社のアピールポイントも見えてきますし、将来の目標も見えてきます。

そこから、どのような目標を設定したらよいのか、ステップ3への議論が可能になるのです。

マッピングは、同じ部署内のメンバーで行なってもよいのですが、できるだけ、バリューチェーンを横断するようにさまざまな立場の社員が参加すると、より効果的です。

SDGsの大事なポイントは、広範《こうはん》でさまざまな課題を、総合的に解決することを目指す、という姿勢です。

たとえば、調達部門が環境保護のために森林破壊につながらない原材料を使用しよう、という目標を掲《かか》げても、営業部門からそれでは製品価格が高くなってしまい市場競争力が落ちてしまう、という声が上がるかもしれません。価格が高すぎて売れない商品はいずれ淘汰《とうた》されてしまい、結局、持続可能ではなくなってしまいます。

連続するバリューチェーンのさまざまな立場から見ていくことで、自社とSDGsとの関わりがより立体的に見えるようになるはずです。

取り組みを社会に表明するためには?

マッピングによって、自社とSDGsとの関わりを把握するところから始めたら、それを基に目標を設定し、経営に統合する、というのが、SDGコンパスの流れです。

SDGsへの取り組みを始めたら、社内外に向けて、SDGsに対する姿勢を表明し、取り組みの途中経過や成果を報告することになります。

こうした報告は、毎年「CSR報告書」「サステナビリティレポート」などの報告書を発行したり、ホームページに掲載したりすることで行なわれます。これらは、多くの場合、投資機関を意識していますが、近年では個人投資家や一般消費者でも関心をもつ人が増えています。

それに伴い、ホームページもインターフェイスを工夫するなどして、楽しみながら見てもらえるような、より親しみやすい情報提供を目指す企業も増えています。

投資家に向けた情報提供では、客観的な比較検討ができるようにすることが重要になります。そのために、「サステナビリティ」という抽象的な価値を示す非財務情報開示のための、標準的な基準が必要とされるようになりました。それが、GRI（Global Reporting Initiative）が作成した**GRIスタンダード**です。

GRIは、SDGコンパスを作成した3つの組織のうちの1つで、企業のサステナビリティ報告の普及・促進を行なう非営利団体です。1997年にボストンで設立され、現在はオランダに本部があります。

GRIスタンダードとは、GRIが作成する、持続可能な開発のための活

動を報告する際のガイドラインです。経済面、社会面、環境面で、組織が報告すべき指標や報告にあたっての原則が明記されています。

また、この**GRIスタンダードは国際基準である**ことにも意味があります。持続可能な開発について各国政府が関心をもつようになり、さまざまな規制を設《もう》けるようになると、報告のスタイルもそれに沿ったものになりがちです。多くの企業活動がグローバルに拡大しているいま、多国籍企業であっても基準を一元化した報告書を発行することが求められるようになったという背景があるのです。

いま、世界の大手企業の上位250社のうち、75%がGRIスタンダードを利用してサステナビリティ報告書、CSRレポート、ESGレポートなどの報告書を発行しています。また、ブルームバーグ、NASDAQ、ロイターなどの主要な金融情報機関が、企業の環境、社会、ガバナンス（ESG）情報を分析するためにGRIの枠組《わくぐ》みを使用しています。

日本の企業でも、なんらかのかたちでGRIスタンダードに基づいて報告を行なうケースが多くなっています。全面的にスタンダードに準拠《じゅんきょ》しているケースもあれば、一部のみ使用している場合もあります。後者の場合は、ホームページなどで、GRIのどの項目が自社の報告のどの部分に相当するか、あるいは、自社の報告に言及がないのか、マトリックスにして明示するなどしています。

SDGsで企業が〝炎上〟しないためには?

企業にとってSDGsに取り組んでいることをアピールすることは、大きなプラスになります。しかしだからといって、**実際以上にSDGsに貢献しているかのように見せることは、「SDGsウォッシュ」として批判の対象になります。**

SDGsウォッシュという言葉は、「ホワイトウォッシュ(白塗《しろぬ》りでごまかす、うわべをつくろう)」がもとになっています。かつて、人々の環境問題への関心が高まったときに、多くの企業が実際の商品やサービスとは関係のない海や森林のビジュアルを広告に使うなどして、「環境に優しい」イメージをアピールしようとしました。

これを「ホワイトウォッシュ」をもじって、「グリーンウォッシュ」と呼び、いまではＳＤＧｓの盛り上がりとともに、「ＳＤＧｓウォッシュ」と呼ぶようになったのです。

ＣＭや広報活動は自社の良いところをアピールするためのものですが、それが実情と異なると「ＳＤＧｓウォッシュ」と言われて、かえって逆効果になるということです。

たとえば、大手都市銀行が企業姿勢としては「脱炭素」を謳《うた》いながら、実際にはCO_2を大量に排出する石炭発電事業に融資をしていたりすると、「ＳＤＧｓウォッシュ」と批判されます。

綿や麻などの天然素材を使用して「自然に優しい」を売りにするアパレル企業が、実際には天然素材の割合が非常に低かったり、海外の工場で従業員に過酷な低賃金労働を強《し》いていたりすると「ＳＤＧｓウォッシュ」と呼ばれます。

メディアやネット情報などでこうした事実が暴露されると、いわゆる「炎上」ということになります。最悪の場合、不買運動に発展して大きな損害になることもあるのは、前述した通りです。

では、企業がSDGsウォッシュと非難されないようにするには、どうしたら良いのでしょうか。電通が発行する「SDGsコミュニケーションガイド」では次の4つのポイントを挙げています。

・根拠がない、情報源が不明な情報を避《さ》ける
・事実よりも誇張した表現を避ける
・言葉の意味が規定しにくいあいまいな表現を避ける
・事実と関係性の低いビジュアルを用いない

これらは、SDGsウォッシュ以前に、広報活動でやってはいけない4原則ともいえるでしょう。

SDGsウォッシュは、前述の不買運動のように生活者の信用を失って企業ブランドの価値が下落するだけでなく、ESG投資の対象としての魅力《みりょく》を損なうことにもなります。企業にとってはダメージが大きいのです。

生活者としても、企業の発信する情報を「その言い分に根拠はあるのか」「あ

いまいな表現で逃げてはいないか」など、時には厳しい目でチェックすることが、長い目で見れば、企業やブランドとの信頼関係を築くことにつながります。

SDGs実現を目指す企業の証しとは

企業がSDGsに真剣に取り組んでいるかどうかをチェックするときに、覚えておきたい基準の1つが、UNGC（国連グローバル・コンパクト）に署名しているかどうか、ということです。

UNGCは、1999年の世界経済フォーラム（ダボス会議）の席上で、当時の国連事務総長コフィー・アナン氏によって提案されました。

ちなみに、アナン氏は国連職員出身で初めて事務総長になった人物で、前述した通り、ESG投資の基盤となるPRI（責任投資原則）を提唱したり（126ページ参照）、SDGsの前身であるMDGsを推進したりと、グローバルな課題に積極的に取り組み重要な役割を果たしています。

UNGCは、次の4分野10原則を掲げています。

●**人権**

原則1　企業はその影響の及ぶ範囲内で国際的に宣言されている人権の擁《よう》護《ご》を支持し、尊重する

原則2　人権侵害に加担しない

●**労働**

原則3　組合結成の自由と団体交渉の権利を実効あるものにする

原則4　あらゆる形態の強制労働を排除する

原則5　児童労働を実効的に廃止する

原則6　雇用と職業に関する差別を撤廃《てっぱい》する

●**環境**

原則7　環境問題の予防的なアプローチを支持する

原則8　環境に関していっそうの責任を担うためのイニシアチブをとる

原則9　環境に優しい技術の開発と普及《ふきゅう》を促進《そくしん》する

●腐敗防止

原則10　強要と賄賂《わいろ》を含むあらゆる形態の腐敗《ふはい》を防止するために取り組む

これらの原則に賛同する企業は、UNGCに署名します。署名した企業は、10原則を実践《じっせん》し、その状況と成果をUNGC本部に提出することが義務付けられます。また、10原則とともに、SDGsの実現を目指した活動を進めることが奨励《しょうれい》されます。

UNGCに署名しているかどうかは、ホームページや「サステナブルレポート」などの報告書に記載《きさい》されているはずです。

現在、世界約160か国で1万7000を超える団体が署名（2021年4月時点）しています。

企業のESG度を評価する格付機関がある

企業としてSDGsに取り組み、その活動をホームページや報告書を通してステークホルダーに開示することで、ステークホルダーからの評価も高まったり、投資資金が集まりやすくなったり、優秀な学生を集めやすくなったり、企業ブランドの価値が上がって商品やサービスが売りやすくなったり、とさまざまな経済的効果があるわけですが、そうであるならなおさらのこと、こうした非財務情報についての客観的な評価があれば、企業にとってもステークホルダーにとっても有益です。

実際、多くの格付《かくづけ》機関が独自の評価・分析によるESG格付を公表しています。

たとえば、多くの投資家が利用している格付の1つとして、MSCI（モルガン・スタンレー・キャピタル・インターナショナル）によるESG格付があります。

企業を発信する情報に加え、政府やNGOのデータ、メディアによる報道、企業への聞き取り調査などを情報源に、企業の〝ESG度〟をCCCからAAAまで7段階で評価しています。

ESG評価の難しいところは、業種によって環境に与えるインパクトは異なるので、一律に比較できないということです。たとえば、自動車産業と食品産業では、CO_2排出削減への貢献度はどうしても違ってきます。MSCIでは、業種ごとにキーとなる課題のウエイトを調整することで、相対的な比較が可能なように工夫しています。

この他、同じモルガン・スタンレー系列のオランダの格付会社サステナリティクス（Sustainalytics）やロンドン証券取引所の子会社フッツィー・ラッセル（FTSE Russell）、イギリスが拠点の国際NPO・CDRなどの評価がESG投資の指標として広く利用されています。

EUで新たに生まれた企業評価の基準とは

ESGの視点から企業や事業を評価する仕組みとして、最近注目されているのが、EUタクソノミーです。

タクソノミーとは「分類法・分類学」という意味で、その名の通り、真に環境への貢献度の高い企業や事業を選別するための分類法です。

２０１９年にＥＵは「欧州グリーンディール」を発表し、クリーンエネルギー、生物多様性、サーキュラーエコノミー（循環型経済《じゅんかんがたけいざい》）などへの投資を通じてＥＵの持続可能な発展を目指すと宣言しました。その目標を実現するために、**ＥＳＧ投資を加速させる、厳密化させるための金融政策が、ＥＵタクソノミー**です。

企業や事業のＥＳＧに対するインパクトをできるだけ正確に評価し、投融資に的確かどうかを判断する仕組みです。

少し複雑ですが、大枠《おおわく》を説明しましょう。

まず、６つの環境目的を示しています。

・気候変動の緩和《かんわ》
・気候変動への適応
・水と海洋資源の持続可能な利用と保全
・サーキュラーエコノミーへの移行
・環境汚染の防止と抑制《よくせい》

・生物多様性と生態系の保全

これを前提に、企業の経済活動が以下の4つの要件を満たしていれば「適格」と判断されます。

要件1　これらの目的のいずれかに貢献すること

要件2　これらの目的のいずれにも著《いちじる》しい害を及ぼさないこと

つまり、1つの環境目的に貢献していても、他で悪影響を及ぼしていてはダメということです。

たとえば、風力発電事業はCO_2を排出しないので「気候変動の緩和」という環境目的に貢献します。しかし、その一方で、もしも風力発電所の建設によって海を汚染していたら、この事業は「クリーンではない」と判断されることになります。

要件3　人権や労働に関する最低限のルールを守っていること（OECD

〈経済協力開発機構〉の「多国籍企業行動指針」や国連の「ビジネスと人権に関する指導原則」などを守っているか)

要件4　**科学的根拠に基づいた、技術スクリーニング基準を満たしていること**

技術スクリーニング基準では、たとえばガス火力発電であれば「1kW／hあたりのライフサイクル全体の温室効果ガス排出量が100グラム未満であること」などと詳細に決められています。

このようなEUタクソノミーという共通基準により、金融機関や行政は企業や事業を「本当に持続可能かどうか」「ESGに配慮《はいりよ》しているかどうか」を判断できるようになり、投融資の意思決定に反映されることになるのです。

日本にも独自のSDGs格付調査がある

EUタクソノミーほど厳格なものではありませんが、日本では2019年

から日本経済新聞が独自の調査を行ない、日経「SDGs経営」調査として発表しています。

日経「SDGs経営」調査は、国内の上場企業など731社を対象に、企業への聞き取りや公開データなどをもとに、以下の4つの項目、それぞれに示された指標に基づいて評価します。

・SDGs戦略・経済価値
SDGs実現のための全体計画、報告とコミュニケーション、推進体制・社内浸透、ビジネスでの貢献、業績の5指標

・社会価値
人権の尊重、消費者課題への対応、社会課題への対応、労働時間・休暇、ダイバーシティの5指標

・環境価値
環境経営推進のための計画、温暖化ガス、消費電力、廃棄物、水資源、気候変動・資源・生物多様性の6指標

・ガバナンス

取締役の構成や業績連動報酬の状況などで構成される1指標

調査の結果、総合力を偏差値で格付し、偏差値70以上を最高評価星5つとします。

また、この結果に基づき優秀企業を「日経SDGs経営大賞」として表《ひょう》彰《しょう》しています。

ちなみに、2020年の第2回の調査では、リコーが大賞に選出され、表彰されました。2050年までにサプライチェーン全体で温暖化ガスの排出ゼロを目指す長期目標を掲げていること。さらに中期目標では、30年までに自社事業からの温暖化ガス排出量を2015年比で63%減、供給網の排出量も2015年比で20%減を目指すと表明したことなどが評価されています。

4章

日本の取り組みはどこまで進んでいる?

日本のSDGs達成度は？

ＳＤＧｓは世界の国々が協力して達成を目指す目標ですが、いま、世界の中で日本はどのような〝立ち位置〟にいるのでしょうか。

ドイツのベルテルスマン財団とＳＤＳＮ（Sustainable Development Solutions Network＝持続可能な開発ソリューション・ネットワーク）が毎年発行している「持続可能な報告書（Sustainable Development Report）」には、各国ごとの進捗度《しんちょくど》を数値化して評価しています。

２０２０年版では、日本は１６６か国中17位となっています。過去からの流れを見ると２０１６年18位から翌２０１７年11位と順位を上げたものの、その後は、15位（２０１８年）、15位（２０１９年）、そして17位と、じわりと順位を下げつつあります。

ちなみに、最も達成度の高い国は、スウェーデン。以下、デンマーク、フィンランド、フランス、ドイツ、ノルウェーと続き、上位をヨーロッパ勢が独占、しかも北欧勢が強い、ということがわかります。

日本は17位という評価なので、これなら世界の中でも「そこそこいい位置」にいるのではないかと考えがちですが、実はそうではありません。

経済という視点から見ると、世界の国々の関心は地球温暖化問題です。温暖化防止のために、いかにCO_2排出量を抑制《よくせい》するかということが、先進国や急速に工業化しているかつての途上国にとっての差《さ》し迫《せま》った課題なのです。

日本のCO_2排出量は、中国、アメリカ、インド、ロシアに続いて第5位。日本はこれまで、CO_2削減については消極的でした。

SDGs達成度ランキング（2020年版）

順位	国名	スコア
1	スウェーデン	84.72
2	デンマーク	84.56
3	フィンランド	83.77
4	フランス	81.13
5	ドイツ	80.77
6	ノルウェー	80.76
7	オーストリア	80.70
8	チェコ	80.58
9	オランダ	80.37
10	エストニア	80.06
	⋮	
17	日本	79.17

出典：持続可能な報告書（Sustainable Development Report）

そのため、世界から「パリ協定の精神に反する」と批判を受けてきました。後述するように、2020年10月に菅義偉《すがよしひで》首相が、2050年までに温室効果ガスの排出を実質ゼロにする「カーボンニュートラル」を宣言しましたが、その現実性についての保証はありません。

日本のSDGs達成度は17位とはいえ、グローバルな評価はけっして高くないということは念頭においておいたほうがよいでしょう。

目標別ではどういう状況なの？

「持続可能な報告書」ではまた、各国の目標別の達成度を評価しています。

2020年版の日本の目標別達成度は次ページの図の通りです。

達成できている、と評価されているのは「目標4：質の高い教育をみんなに」「目標9：産業と技術革新の基盤をつくろう」「目標16：平和と公正をすべての人に」の3つ。

大きな課題を残している、と評価されているのは「目標5：ジェンダー平

日本の目標別達成度（2020年版）

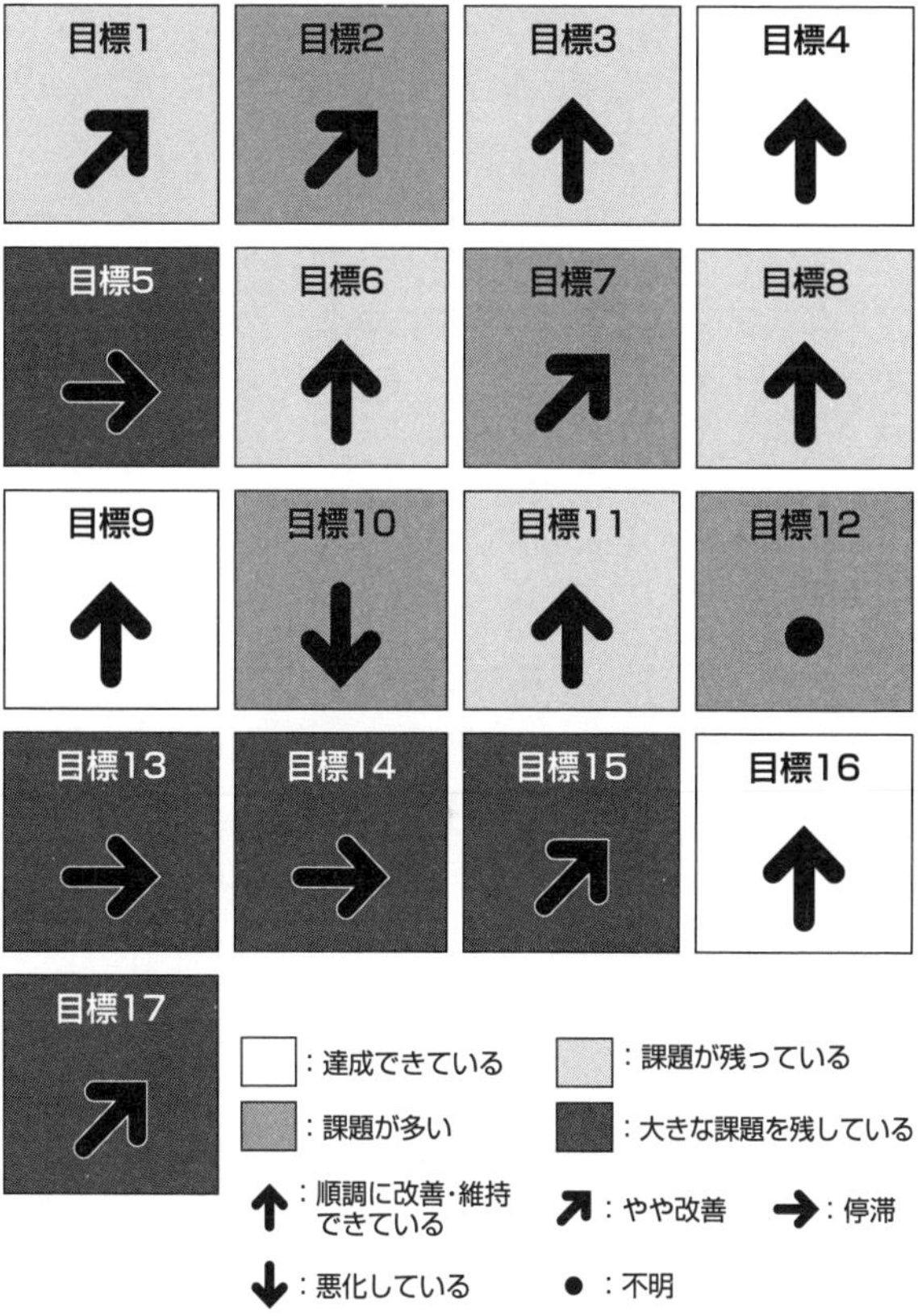

出典：「Sustainable Development Report（SDSN）」の表を基に作成

等を実現しよう」「目標13：気候変動に具体的な対策を」「目標14：海の豊かさを守ろう」「目標15：陸の豊かさも守ろう」「目標17：パートナーシップで目標を実現しよう」の5つ。気候変動対策については厳しい評価です。

ちなみに「目標10：人や国の不平等をなくそう」は達成度では「課題が多い」ですが、2年連続「悪化している」と評価されています。国内での格差が広がっているという、多くの人々にとっての生活実感を裏付ける評価となっています。

日本企業がSDGsを意識し始めたワケ

いまでは、日本の大企業の多くがSDGsに取り組むことに前向きですが、かつてはそうではありませんでした。環境対策は経済活動と相反《あいはん》するものという認識が根強く、経済、社会、環境のすべてを統合してより良い社会を目指す、というSDGsの精神はなかなか広く浸透しませんでした。

そんな意識を変える契機の1つとなったのが、2015年、GPIF（年金積立金管理運用独立行政法人）がＰＲＩ（責任投資原則）に署名したというニュースです。

ＧＰＩＦとは、年金の運用を行なう機関です。年金保険料から集められた公的年金積立金は、厚生労働大臣の預託《よたく》によりＧＰＩＦが信託銀行や投資顧問会社などの運用受託期間を通して国内外の債券市場や株式市場で運用しています。将来の年金給付の原資を、運用によって増やしているわけです。

ＧＰＩＦの運用額は、ＰＲＩ署名当時で１４０兆円超。世界最大の投資機関といわれる規模です。そしてその運用額の約半分が、国内外の株式投資に運用されているのです。

一方、ＰＲＩとは126ページで述べたように、投資機関の意思決定プロセスにおいて、環境、社会、ガバナンスのＥＳＧ課題への取り組みを考慮《こうりょ》することを求めた提言です。これに署名するということは、「環境、社会、ガバナンスの問題にしっかり取り組んでいる企業でなければ投資しません」ということ、つまりＥＳＧ投資を推進するということを意味します。

２００６年にアナン氏が提言して以来、すでに多くの投資機関がこの原則に賛同して署名していました。GPIFによる署名は、こうした世界の流れの中では必然とも言えるものでした。

しかし、実際にGPIFがPRIに署名したというニュースは、日本企業にとって二重の意味で衝撃《しょうげき》でした。

まず、今後はESGを意識しなければ、資金が集まらないということ。140兆円という巨額の資金が今後はESG投資に回される。ESGに取り組んでいない企業には、この投資資金が回ってこない、ということを意味するからです。

もう1つは、いま、ESGを意識しない企業は先がないとGPIFが判断したということです。GPIFはESGレポートで次のように述べています。

国内外の様々な企業・発行体に幅広く投資するGPIFにとって、お預かりした資産を増やしていくためには、市場全体の持続的かつ安定的な成長が不可欠です。また、100年を視野に入れた年金財政の一翼《いちよく》を担《にな》うGPIFにとって、長期的な利益を確保していくことが何より重要です。このためには、投資先企業のガバナンスの改善に加え、環境・社会問題など負の外部性を最小化すること、つまりＥＳＧ（環境・社会・ガバナンス）の考慮が重要だと、ＧＰＩＦは考えています。

ＧＰＩＦは、社会貢献のためにＰＲＩに署名したわけではありません。長い目で見れば、ＥＳＧを意識した企業こそが安定した収益を上げるだろう、生き残っていくだろう、ＧＰＩＦはそう判断したということです。

これ以降、多くの企業がＥＳＧを意識する方向に舵《かじ》を切ることになったのです。

ＳＤＧｓ採択後の日本政府の対応は？

一方、ＳＤＧｓをめぐる政府の対応はどうでしょうか。

２０１５年９月に国連でＳＤＧｓが採択《さいたく》され、同年12月に、ＣＯＰ21（国連気候変動枠組条約第21回締約国会議）で「パリ協定」が採択されると、翌２

016年6月、当時の安倍内閣はSDGs推進本部を設置しました。

日本としては、素早い対応のように見えますが、実はこの年、2016年6月にはG7伊勢志摩《いせしま》サミットが開催されることになっていて、これに対応したものだったのです。

伊勢志摩サミットは、SDGsが採択されてから初のサミットとして注目されていて、気候変動・エネルギー問題は、主要な議題の1つとして挙げられており、当時、国連事務総長であった潘基文《パンギムン》氏も出席することになっていました。ホスト国として存在感を示すためにも、日本は、SDGsに真剣に取り組んでいることをアピールする必要があったわけです。

SDGs推進本部は、本部長を内閣総理大臣が務め、副本部長を官房長官と外務大臣、その他すべての国務長官が構成員として参加しています。

その下にSDGs推進円卓《えんたく》会議を置き、行政、民間セクター、NGO、NPOなどさまざまなステークホルダーと意見交換をする機会を設《もう》けています。

SDGs推進本部では、まずさまざまな取り組みの指針としてSDGs実施指針を定めました。そこで、日本が取り組むべき8つの優先課題を次のように定めています。

・あらゆる人々が活躍する社会・ジェンダー平等の実現
・健康・長寿の達成
・成長市場の創出、地域活性化、科学技術イノベーション
・持続可能で強靱《きようじん》な国土と質の高いインフラの整備
・省・再生可能エネルギー、防災、気候変動対策、循環型社会
・生物多様性、森林、海洋等の環境の保全
・平和と安全・安心社会の実現
・SDGs実施推進の体制と手段

これらの指針は、基本的にSDGsの17の目標に沿ったものをバランスよくピックアップしているように見えます。強《し》いていえば、ジェンダー平等の課題は当初は触《ふ》れられていませんでしたが、2019年に改定された際に盛り込まれました。時代の要請《ようせい》を敏感《びんかん》に反映したものといえます。

日本政府が目指す方向性は？

ＳＤＧｓ推進本部は、ＳＤＧｓ実施《じっし》指針を定め、それに基づいて、より具体的なＳＤＧｓアクションプランを策定《さくてい》しています。アクションプランは、ほぼ毎年改定されていて、そのときどきで時勢《じせい》に合わせて微調整しています。

２０１８年版から２０２０年版まで、「中核となる３本の柱」が示されていて、これを見ると日本政府が目指すＳＤＧｓが、いまどこを向いているのかがよくわかります。

- **ビジネスとイノベーション〜ＳＤＧｓと連動する「Society5.0」の推進〜**
  ＥＳＧ投資の後押し、中小企業のＳＤＧｓ取り組み強化、バイオ戦略、スマート農林水産業の推進等を掲げています。
- **ＳＤＧｓを原動力とした地方創生、強靱《きょうじん》かつ環境に優しい魅力的なまちづくり**

地方の人口減少や高齢化が進む中、「ＳＤＧｓ未来都市」等の推進、災害に強いまちづくりなどを掲げています。

・ＳＤＧｓの担い手としての次世代・女性のエンパワーメント

働き方改革の着実な実施、ダイバーシティ・バリアフリーの推進、持続可能な開発のための教育（ＥＳＤ）の推進などを掲げています。

２０２１年版でも、この３本の柱は大きく変わりませんが、コロナ禍《か》を反映して、「感染対策と次なる危機への備え」が加えられました。

その結果、２０２１年の重点事項は以下の４つとしています。

・感染症対策と次なる危機への備え

・よりよい復興に向けたビジネスとイノベーションを通じた成長戦略

・ＳＤＧｓを原動力とした地方創生、経済と環境の好循環の創出

・一人ひとりの可能性の発揮と絆の強化を通じた行動の加速

より具体的な感染対策としては、コロナ対策を意識して「治療・ワクチン・診断の開発・製造・普及」や「PCR検査・抗原検査等の戦略的・計画的な体制構築や保健所の機能強化」などが示されています。

地方創生のための「SDGs未来都市」とは

3つ、または4つの柱の中で地方創生が掲げられていますが、その中でとくに注目されているのが2018年に始まった「SDGs未来都市」です。「SDGs未来都市」とは、内閣府地方創生推進室が、SDGsの達成に取り組んでいる自治体を選定して、補助金を出して後押しするという制度です。毎年、選定されることになっています。

人口の都市部への集中とともに、地方経済の疲弊《ひへい》は、日本の大きな課題となってきました。もともとSDGsは「誰1人として取り残さない」ことを理念として掲げていて、取り残されつつある地方自治体を支援する地方創生事業とは、なにかとシンクロする部分が多いのです。

SDGs未来都市選定都市（2020年度）

NO	自治体	提案のタイトル名
1	岩手県岩手町	トリプルボトムラインによる町の持続可能性向上モデルの構築・実証 ～SDGs姉妹都市×リビングラボ～
2	宮城県仙台市	「防災環境都市・仙台」の推進
3	宮城県石巻市	最大の被災地から未来都市石巻を目指して ～グリーンスローモビリティと「おたがいさま」で支え合う持続可能なまちづくり～
4	山形県鶴岡市	森・食・農の文化と先端生命科学が共生する “いのち輝く、創造と伝統のまち 鶴岡”
5	埼玉県春日部市	春日部2世、3世その先へと住みつなぐまち ～未来へ発信する世代循環プロジェクト～
6	東京都豊島区	消滅可能性都市からの脱却 ～持続して発展できる「国際アート・カルチャー都市」への挑戦～
7	神奈川県相模原市	都市と自然 人と人 共にささえあい生きる さがみはらSDGs構想
8	石川県金沢市	世界の交流拠点都市金沢の実現 ～市民と来街者が「しあわせ」を共創するまち～
9	石川県加賀市	官民協働のスマートシティによる持続可能なまち
10	石川県能美市	能美市SDGs未来都市 暮らしやすさ日本一実感できるまちへ
11	長野県大町市	SDGs共創パートナーシップにより育む 「水が生まれる信濃おおまち」サステナブル・タウン構想
12	岐阜県	SDGsを原動力とした持続可能な 「清流の国ぎふ」の実現
13	静岡県富士市	富士山とともに 輝く未来を拓くまち ふじ
14	静岡県掛川市	市民協働によるサステナブルなまちづくり
15	愛知県岡崎市	“みなも”きらめく 公民連携サスティナブル城下町OKAZAKI ～乙川リバーフロントエリア～
16	三重県	若者と創るみえの未来 ～持続可能な社会の構築～

17	三重県いなべ市	グリーンクリエイティブいなべ ～グリーンインフラ商業施設「にぎわいの森」から、 カジュアルなSDGs推進を世界へ～
18	滋賀県湖南市	さりげない支えあいのまちづくり こなんSDGs未来都市の実現 【シュタットベルケ構想】
19	京都府亀岡市	「かめおか霧の芸術祭」×X(かけるエックス) ～持続可能性を生み出すイノベーションハブ～
20	大阪府大阪市	2025年大阪・関西万博をインパクトとした 「SDGs先進都市」の実現に向けて
21	大阪市豊中市	とよなかSDGs未来都市 ～明日がもっと楽しみなまち～
22	大阪市富田林市	SDGsを共通言語としたマルチパートナーシップによる“富田林版”いのち輝く未来社会のデザイン
23	兵庫県明石市	SDGs未来安心都市・明石～いつまでも すべての人に やさしいまちを みんなで～
24	岡山県倉敷市	多様な人材が活躍し、自然と共存する “持続可能な流域暮らし”の創造 ～高梁川流域圏の発展は倉敷市の発展～
25	広島県東広島市	SDGs未来都市東広島 未来に挑戦する自然豊かな国際学術研究都市
26	香川県三豊市	せとうちの海と山とまち～ひろく豊かな田園都市・多極分散ネットワーク型みとよ形成事業～
27	愛媛県松山市	みんなを笑顔に“観光未来都市まつやま” ～瀬戸内の 島・里・山を つなぐまち～
28	高知県土佐町	持続可能な水源のまち土佐町 ～人々の豊かな営みが「世界」を潤す水を育む～
29	福岡県宗像市	「世界遺産の海」とともに生きる SDGs未来都市むなかた
30	長崎県対馬市	自立と循環の宝の島 ～サーキュラーエコノミーアイランド対馬～
31	熊本県水俣市	みんなが幸せを感じ、笑顔あふれる 元気なまちづくり
32	鹿児島県鹿児島市	“活火山・桜島”と共生し発展する持続可能な SDGs未来都市・鹿児島市
33	沖縄県石垣市	自然と文化で創る未来 ～守り・繋ぎ・活きる島 石垣～

出典：内閣府地方創生推進室

また、経済、社会、環境という3つの側面から、総合的な開発を目指す、という考え方も地域活性化にはぴったりです。

SDGs未来都市は、以前からあった「環境モデル都市」「環境未来都市」などの施策を引き継ぐ政策という位置付けです。むしろ、SDGs以前から抱えていた地方創生という課題に、SDGsがちょうどよいガイドとなったともいえます。

選定される自治体はさまざまで、三重県、岐阜県など、県としての取り組みから、大阪府大阪市、高知県土佐町などの市町村、さらには東京都豊島区「消滅可能性都市からの脱却《だっきゃく》」というものまで、規模もテーマもそれぞれ異なります。

ちなみに、東京都豊島区は、1964（昭和39）年をピークに人口が減少し続け、2014年には東京都23区の中で唯一「消滅可能性都市」の指摘を受けるに至りました。消滅可能性都市とは、「20〜39歳の女性人口に着目し、2010〜2040年にかけて、20〜39歳の女性が50%以上減少すると推計した自治体」のことです。

そこで、女性がまちづくりに参加するなど、女性と子どもに優しいまちづくりを推進し、住みたいまち、訪れたいまちとして選ばれるまちを目指して、「国際アート・カルチャー都市」の実現に取り組んでいます。

こうした取り組みが評価されて、２０２０年度、ＳＤＧｓ未来都市に選定されています。

ＳＤＧｓへの取り組みを打ち出す経団連

政府のＳＤＧｓ実施本部設置やアクションプラン策定に応えるかたちで、経済界もＳＤＧｓへの取り組みに本腰《ほんごし》を入れる姿勢を示しました。

２０１７年に改定した企業行動憲章《けんしょう》で、ＳＤＧｓが企業活動の重要な一要素であることを示したのです。

企業行動憲章とは、企業の社会的責任への取り組みを推進するために経団連が制定したもので、会員企業にとっては〝最高法規〟と位置付けられるものです。

１９９１年の制定以来、何度か改定が行なわれていますが、５回目にあたる２０１７年の改定では、サブタイトルを「社会の信頼と共感を得るために」から「持続可能な社会の実現のために」と変更。ＳＤＧｓへの取り組みを前面に押し出しています。

その内容も、「ビジネスと人権に関する指導原則」「ＯＥＣＤ多国籍企業行動指針」や、パリ協定、ＥＳＧ投資などに触れ、世界的な動向を十分に意識したものになっています。

また、この改定で、以前から政府が提唱する「Society 5.0」を、「ＳＤＧｓの達成にも大いに貢献するもの」として、関連付けていることも特徴です。Society 5.0については、６章で詳述します。

菅政権が掲げるグリーン成長戦略とは

伊勢志摩サミットに合わせて、さっそくＳＤＧｓ推進本部を設置したものの、すでに述べた通り、日本は熱心にＳＤＧｓ対策に取り組んできたというわけではありませんでした。

しかし、2020年に菅内閣が誕生すると、その所信《しょしん》表明演説で、2050年までに温室効果ガスの排出量を実質ゼロにすることを宣言しました。

また、同年末には、この「2050年カーボンニュートラル」への挑戦を具体的に示すかたちで「グリーン成長戦略」を発表しました。

この〝方向転換〟については、これでようやく日本も世界と足並みを揃《そろ》えることができた、と素直に評価する声もあれば、世界の情勢に乗り遅れないための政治的発言だという声もあります。

この前年にあたる2019年、EUはすでに「欧州グリーンディール」政策を発表し、「2050年には温室効果ガス排出量、実質ゼロ」を目標に掲げています。さらに、アメリカではトランプ政権からバイデン政権へ移行し、エネルギー問題に対する姿勢が180度変わりました。バイデン大統領は就任早々、トランプ政権下で離脱していたパリ協定に復帰する文書に署名《しょめい》することで、政策の転換をアピールしました。

脱炭素化は世界的な流れで、産業構造も大きく変わると予測されています。自動車産業をはじめとして、化石燃料から再生可能エネルギーへの移行は避けられない状況です。

こうした認識が、菅内閣の「2050年カーボンニュートラル」宣言の背景にあったことは間違いないことですが、では実際にどうなんだ？　2050年までに温室効果ガスの排出を実質ゼロにするなんて本当に可能なのか？という声も上がっているのも事実です。

そうした声に応える意味でも、グリーン成長戦略では具体的な展望を示しています。

●電力部門の脱炭素化は大前提

・省・再エネ実現のために洋上風力発電、蓄電池《ちくでんち》産業を成長分野にする
・水素発電を選択肢として追求し、水素産業を創出する
・火力は必要最低限としながら、CO_2を出さないカーボンリサイクル、燃料アンモニア産業を創出する
・原子力は、引き続き活用しながら次世代炉の開発を進める

●電力部門以外は「電化」が中心

・産業は、水素還元製鉄など製造プロセスを変革する
・輸送は、電化、バイオ燃料、水素燃料を推進する
・家庭は、電化、水素化、蓄電池活用を推進する

●デジタルインフラの整備で電化社会を実現する

・スマートグリッドを整備し、再生可能エネルギーの需給を調整する
・輸送手段の自動運行化を推進する
・工場での製造を自動化する
・スマートハウスの普及を促進する

こうした産業政策がうまく進んでいけば、「経済と環境の好循環《こうじゅんかん》」につながると政府は期待しています。

5章

暮らしの中にある SDGsの身近な課題

エシカル消費の機運が高まっている

ＳＤＧｓは地球や社会の問題の解決を目指すものだ、ということはわかっていても、私たちの毎日の暮らしからはなんだか〝遠い〟感じがして実感が湧《わ》かない、ＳＤＧｓは〝意識が高い〟人だけが取り組んでいること、そう思っている人も多いのではないでしょうか。

実は、いまや一人ひとりがＳＤＧｓとは無関係でいられない、地球や社会の危機とは無関係でいられない、そういう世の中になってきているのです。

「エシカル消費」という言葉がここ数年使われるようになってきました。「サステナブル（持続可能）」に加えて、「エシカル」という新しいキーワードがまた増えたことで、混乱している人も多いかもしれません。

「エシカル」とは「倫理的な」という意味で、エシカルな消費とは**「地域の活性化や雇用なども含む、人や社会、環境に配慮した消費活動」**ということです。

エシカル消費に対する世間のイメージ

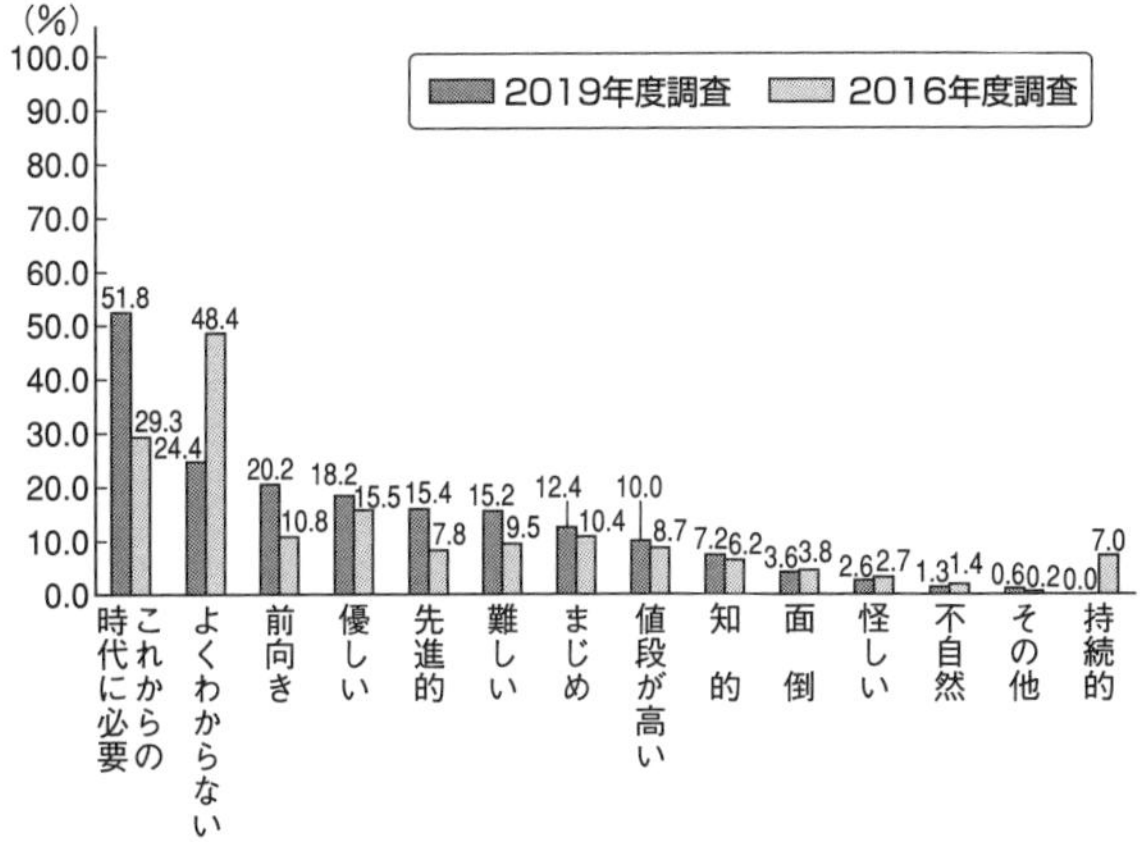

出典：消費者庁「令和元年度エシカル消費に関する消費者意識調査報告書」

つまり、地球や人類や社会がサステナブルであり続けるために、できる限り、人、社会、環境に配慮した製品を買う、そうでないものはなるべく買わない、という態度が「エシカルな消費」というわけです。

現代の流通システムでは、商品が消費者の手に届くまで、さまざまな過程を辿《たど》ってきています。しかもその流れはますます複雑に、かつグローバルになってきています。

たとえば、コンビニでチョコレートを1つ買うにしても、そこまで辿《たど》り着くには、アフリカで原材料のカカオを採取し、海を渡って日本の工場で加工され、配送センターからトラックに載《の》せられて深夜のコンビニに配送され、というストーリーがあります。カカオだけでなく、すべての原材料に背景があります。

1つの消費行動が、時には地球をひとまたぎして、必ずどこかにつながっているのです。

もし、アフリカのカカオ農場で小さな子どもが不当に安い賃金で過酷《かこく》な労働をさせられていたら、商品を購入した消費者はそのことと無関係ではない、ということになります。

そう言われると「いやいやなにもそこまで」と思うかもしれませんが、同じ買うなら、社会的に問題のある農場より多少高価だったとしても、正当な労働者に正当な賃金を払って運営している健全《けんぜん》な農場から購入したほうがいい、そう思うのではないでしょうか。

価格が安いほうが売れる、それが経済の原理ですが、原材料調達や製造の現場では、価格競争の結果、〝立場の弱い者を安い賃金で働かせる〟ということはどうしても起こり得ることです。

その結果できた製品が「安い」という理由で売れれば、このやり方はどんどん拡大していくことになります。さらに競争力を上げるために、賃金をより安く抑えるようになる、ということにもなりかねません。そして実際それは起こっているのです。

2013年にバングラデシュの商業ビル、ラナプラザが倒壊し、1200人以上が犠牲になりました。このビルのテナントの多くは世界に名を知られたファッションブランドの縫製《ほうせい》工場で、多くの女性が劣悪《れつあく》な環境、低賃金で働かされていました

実は倒壊当日も、ビルに大きな亀裂《きれつ》が見つかり危険な状態だったため、ビル使用禁止の警告が出されていました。にもかかわらず、縫製工場の経営者はそのまま操業《そうぎょう》を続けさせていたのです。

この事件をきっかけに、先進国で売られている多くのファッション製品は、実はこうした環境下でつくられている、ということを消費者は知り、ショックを受けたのです。

エシカルな視点での関心事は、こうした労働問題に限っているわけではありません。製造時に大気汚染物質を出していないか、社内でジェンダー平等は推進されているか、あるいは、廃棄する際に発がん性物質を排出《はいしゅっ》しないか、などさまざまです。

といっても、どんなことがエシカルなテーマなのかということはさして問題ではありません。

消費という行動は、必ず社会とつながっている、だから、消費という行動を通して、社会的課題と向き合い、解決への筋道《すじみち》に参加することができる、そう意識して消費することが、すなわちエシカル消費なのです。

エシカル消費って具体的にはなに？

では、エシカルな消費とは具体的にどのようなことでしょうか。参考までに消費者庁の資料には次のような例が示されています。

●人に配慮した消費
・障がい者、女性、性的マイノリティ、人種的マイノリティなど積極的に雇用している企業、適切な労働条件を守っている企業などから、商品・サービスを購入する
・実態がブラックであるとわかっている企業や、途上国で労働力を搾取《さくしゅ》している企業の商品は購入しない

●社会に配慮した消費
・フェアトレード商品を購入する
フェアトレードとは、途上国の農産物等を、生活が成り立つような公正な取引価格で購入することです。原材料をフェアトレードで調達している商品は、パッケージに認証マークを表示しています。
・寄付付き商品を購入する
たとえば、森永製菓が毎年行なっている「1チョコfor 1スマイル」キャンペーンでは、対象商品1個につき1円を、カカオ農家の子どもたちの教育支援のために寄付しています。このような寄付付き商品を購入

することで、社会課題に貢献することができます。

●環境に配慮した消費

・エコ商品を購入する

使い捨てでない商品、詰め替え可能、簡易包装など、環境に配慮した商品を選ぶこともエシカル消費です。

・リサイクル商品を購入する

資源を廃棄せずにさまざまなかたちで再利用するサーキュラーエコノミー（循環型経済《じゅんかんがた》）は、世界の流れになりつつあります。

・資源保護等に関する認証がある商品を購入する

主な認証には以下のものがあります。

【RSPO（Roundtable on Sustainable Palm Oil）】

パーム油に関する認証です。パーム油は食品の原材料などとしてさまざまなかたちで使われています。その生産が、熱帯林の保全や生物多様性、現地の人々の暮らしに深刻な影響を及ぼすものでないことを認証しています。

【レインフォレスト・アライアンス認証】

環境に悪影響を与えない、持続可能な農業、林業、観光業を認証しています。食品のパッケージにこの認証マークがあれば、原材料が、環境に配慮した適切な農場で生産されていることを保証しています。

【FSC認証】

パッケージの紙に関する認証です。環境保全の視点から適切で、経済的にも持続可能な管理のもとで生産されていることを認証しています。

●地域に配慮した消費

・地産地消

地域で生産された商品を購入することは、地域の生産者を応援するだけでなく、流通にともなう環境負荷を軽減することにもつながります。

・被災地産品を購入する

生産品の購入を通して被災地を応援することも、エシカル消費です。

●動物福祉に配慮した消費

・リアルファーを使用したファッション商品など、動物虐待につながる商

品は購入しない
たとえば、生産方法が残酷であるとの理由で、フォアグラの生産や提供が禁止されている国や地域があります。

私たちは、どれだけの食品を捨てている？

・ジャガイモ、ビーツ、ラディッシュ　46・2％
・果物、野菜　45・7％
・マグロ、サケ、エビ、その他魚介　34・7％
・シリアル、パン、米　29・1％
・レンズ豆、グリーンピース、ひよこ豆、油の精製に使われる種　22・1％
・鶏肉、牛肉、豚肉　21・5％
これらはいったいなんの数字かおわかりでしょうか？

これは食品カテゴリーごとの廃棄《はいき》率。つまり、生産量の何割が廃棄されているのかを示しています（国連食糧農業機関：2016年）。

推計では、地球上の食料の約3分の1が廃棄されているとのことです。こうした食品ロスは、生産から消費までのさまざまな段階で起こります。たとえば農作物であれば、収穫、貯蔵《ちょぞう》、流通の過程で傷《いた》んでしまったり、あるいは、かたちが揃《そろ》っていない、という理由で捨てられることもあります。加工品であれば、賞味期限を過ぎてしまったり、賞味期限が間近になって店頭に並べられないという理由で廃棄されることもあります。

93ページでも触れたように、食品ロスの約半量は家庭ゴミから出ています。ということは、一人ひとりの買い物や調理の工夫で、世界のフードロスの半分が解消されるかもしれないということでもあります。

フードロス問題を少しでも解決しようと、さまざまな取り組みをしている企業や事業をいくつかご紹介しましょう。

オランダのレストラン「インストック」もその1つです。廃棄食材を一流シェフが調理するレストランというユニークな取り組みは、多くのメディアでも取り上げられ、注目されています。

このインストックを立ち上げたのは、実は大手スーパーの従業員でした。

スーパーではどこでも、賞味期限が近い、見た目が良くない、在庫が過剰《かじょう》にあるなどといった理由で毎日大量の食品を廃棄します。まだ食べられる食品が目の前で捨てられているという現実に心を痛めた3人の従業員が「廃棄食材を使って調理するレストラン」というアイデアを思いつき、スタートさせたのです。

いまでは、アムステルダムをはじめオランダ国内に3店舗を展開し、100人以上の従業員を抱えるなど、事業としても軌道《きどう》に乗っています。

また、最新のテクノロジーでこの問題に取り組んでいるスタートアップ企業もあります。

アメリカのアピール・サイエンスという企業は、野菜や果物の劣化《れっか》を防ぎ保存期間を2～3倍に延ばす食品コーティング剤を開発しました。創業者のジェームズ・ロジャーズ氏は車を運転中に世界の飢餓《きが》のニュースを聞き、食品ロスを減らしたいと考えました。

試行錯誤の結果、農作物の種や皮から抽出した成分で野菜や果物の表面をコーティングし、酸化を遅らせ、水分を保持する技術を開発したのです。この技術は複数のオーガニック認証を取得し、ＦＤＡ（アメリカ食品医薬品局）にも安全と認められています。

この技術は、まず手始めにメキシコ産のアボカドに使用され、コストコをはじめとするアメリカ国内のスーパーで販売されています。この技術により、小売段階での食品廃棄を50％減らすことができただけでなく、完熟させてから収穫しても十分販売できることから、栄養価が高い状態で消費者の手元に届けることができます。

また、将来は途上国の農産物に応用し、小規模農家の収入を増やすことも可能だと、ロジャーズ氏は考えているそうです。

実は深刻な「衣料ロス」問題

衣食住の「食」については、食品ロスの問題がメディアなどで大きく取り上げられてきたこともあり、消費者の意識も高くなってきたようです。

では、その他の分野ではどうでしょう。

たとえば「衣」。ナイキやH&Mなども参画するファッション業界のシンクタンク「Global Fashion Agenda」の調査（2015年）によれば、世界の衣料の年間消費量は、約6200万トン、これは生産された衣料の40％にすぎません。その約1・5倍にあたる9200万トンが廃棄されているとのこと。つまり、**生産された衣料の60％は廃棄されている**のです。そのうちリユースやリサイクルされる割合は18％、残りの82％は処分されています。

衣料の廃棄量は年々増え続け、このまま増え続ければ、2030年には1億4800万トンにまで達すると推定されています。

衣料ロスが増えてしまう原因の1つは、ファストファッションの台頭だと言われています。昔に比べて1人当たりの服を購入する数は増えているのに、年収に対する被服費の割合は減少しています。

消費者は、安い服をより多く購入するようになったのです。その分、クローゼットに入りきらない服は廃棄されます。とはいえ、こうした「衣料ロス」の責任はファストファッションだけにあるわけではありません。

2018年、イギリスのファッションブランドのバーバリーが、売れ残った商品42億円分を廃棄処分にしたことが報道され、批判を集めました。不買運動〝#boycottBurberry〟にまで発展し、その結果、バーバリーは「今後は売れ残り商品の焼却処分を禁止する」と発表することになります。

この件は、衣料ロスが注目されるきっかけの1つになりました。売れ残り品の廃棄・焼却は、ブランドイメージを守るために多くのハイブランドが慣習《かんしゅう》としてきたことですが、いまでは消費者の目も厳しくなっています。2020年、フランスでは在庫や売れ残り品の廃棄を禁止する新たな法律が施行《しこう》されました。

アパレル業界の課題は、廃棄処理の問題だけではありません。エシカル消費のところでも触れた通り（181ページ参照）、賃金水準の低い途上国で、労働者に過酷な条件や環境を強《し》いていることも、人権上の問題です。

また、エネルギー資源という意味でも、アパレル業界のCO_2排出量は、石油業界に次いで多いと言われています。温暖化で将来の水不足が懸念《けねん》される中、Tシャツを1枚つくるのに2700リットルの水が必要だという報告もあります。

「Global Fashion Agenda」のレポート（2019年）によれば、消費者の75%がアパレルでもサステナビリティが大切だと考えています。また、38%が、環境問題や社会問題に積極的に取り組んでいるブランドを選んでいる、それも若い世代ほど顕著《けんちょ》だと報告しています。

メーカーによる衣料ロスへの取り組み

こうした消費者意識と連動するように、メーカーサイドでもサステナビリティへの取り組みは活発になっています。

ファストファッションの大手ユニクロは、全商品をリサイクル・リユースする取り組み「RE.UNIQRO」を始めています。店頭で回収した服を、世界の難民キャンプや被災地への緊急災害支援などに届けてリユースしています。リユースできない服は、燃料や防音材としてリサイクルしています。

こうした自社製品のリユース、リサイクルによって衣料ロスを解消していくことで、CO_2排出を削減するという対策は、アディダス「TAKE BA

CKプログラム」」、パタゴニア「WornWear」など、さまざまなブランドが行なっています。

名古屋でアパレルの買い取り・再販を行なう会社ファインでは、「Rename」というユニークな取り組みを行なっています。

これは、メーカーから余剰《よじょう》在庫を買い取って、ブランドタグを付け替え「Rename」商品として低価格で再販するというもの。この方法であればブランドの商品として低価格で出回ることはないので、メーカーはブランドイメージを守ることができます。同時に、廃棄・焼却することなく余剰在庫を処分できます。

一方、消費者は、品質のよい商品をブランド価格の2～7割の低価格で手に入れることができる、というメリットもあります。

また、販売期間を限定せずにシーズンを終えても売り続けることで、廃棄を出さずに、2～3年で売り切ることも、無駄《むだ》を出さない仕組みです。

2016年秋に立ち上げ、2020年末までに約40ブランドから買い取り、40万枚以上の服を廃棄から救ってます。

アウトドアウェアやバッグを製造するコトパクシが掲《かか》げる理念は、貧困をなくすことです。

創業者のデイヴィス・スミスはアメリカ出身ですが、ドミニカの貧困地域で幼少期を過ごしました。同年代の子どもたちが裸で走り回るのを見て、より良い社会を実現したいと強く思ったそうです。

自然の中で過ごすのが好きだった彼は、２０１３年、アメリカのソルトレイクシティでアウトドアブランド、コトパクシを立ち上げました。

使用する素材には、フェアトレードやリサイクルのものを使用しています。フィリピンのパタゴニアの工場と同じ敷地《しきち》にある工場は、労働者に正当な対価が支払われるフェアトレード認定。賃料《ちんりょう》とは別に支払われる２％のプレミアムは、工場内に保育施設をつくるなどの生産者の利益に還元される仕組みになっています。

また、看板商品であるカラフルなバッグは、配色が現地の生産者に任《まか》されていて、すべて一点モノです。

ブランドは、プロダクトである以上に、価値観を着るもの。いま、環境や社会の課題に取り組もうとする理念に共感して、そのブランドを選ぶ、そんな消費者がファッションの世界でも徐々に増えています。

家庭でCO_2排出量を減らす工夫とは

衣食住の「住」の分野でも、SDGsの達成を目指す取り組みとして、**「エコハウス」**が注目されています。

エコハウスとは、**環境に負担をかけずに暮らしやすさも実現する住宅**のこと。いま、エコハウスが求められる背景には、地球温暖化の問題があります。温暖化の原因といわれるCO_2をはじめとする温室効果ガスは、主に工場などの製造業から出ていると思われがちですが、実は家庭で消費される電力によるものが案外多いのです。

環境庁の調査によれば（2021年）、日本の1世帯当たりのCO_2排出量は2・72トンCO_2で、そのうち電気の使用によるものが66・2％となっています。**パリ協定で日本は2030年までにCO_2排出量を26％削減することが決**

まっています。これを実現するためには、家庭部門でも4割近い削減を実現しなければ目標は達成できないのです。

そこで注目されるエコハウスとは、どのような家なのか。簡単に言えば、CO_2排出量を削減し、環境への悪影響を少なくした家、ということになります。環境庁によれば、ポイントは次の4つです。

・環境基本性能の確保

断熱性、機密性、日射遮断《にっしゃしゃだん》、日射導入、蓄熱《ちくねつ》、通風《つうふう》、換気、自然素材などが、十分に理解され実践されていること。

・自然・再生可能エネルギー活用

環境基本性能を確保した上で、必要なエネルギーは太陽光などの自然エネルギーを最大限に利用し、なるべく化石燃料を使わない工夫がされていること。また、地域の特徴をよく理解し、太陽光、太陽熱、風、地中熱、水、バイオマス、温度差を上手に生かす工夫がされていること。

・エコライフスタイルと住まい方

いま、日本の人口は減少の傾向にあるものの、その半面世帯数が増えたことで、家庭からのエネルギー消費量が増加している。集まって住むための新しい仕組みづくりや、農地付き住宅のような新しいライフスタイルの提案が住宅を考える上で必要。

・地域らしさ

エコハウスがそれぞれの地域で永く受け入れられる、魅力《みりょく》ある住宅であるためには、地域の気候風土、文化に根ざした住宅であることが大切。

エコハウスは、ソーラーパネル、高性能な断熱設備、二重サッシなどの設備に費用がかかる分、建築費は割高《わりだか》になりますが、光熱費等のランニングコストが抑えられるというメリットもあります。

電気自動車にすればCO_2問題は解決するの？

国立環境研究所の温室効果ガスインベントリ報告書によれば（2021

年）、日本のCO_2の間接排出量（発電のときに排出されるCO_2を電気を使った側に割り当てた量）の18・6％が運輸部門からで、このうち8割以上が自動車によるものとのことです。家庭から出るCO_2の間接排出量14・4％と比較しても、自動車の利用による環境への影響は、大きいものだといえるでしょう。たとえば、自然を楽しみに郊外にドライブに行く、というときにも、一方でCO_2を排出して地球温暖化を促進《そくしん》している、とも言えるのです。

2021年に入って、日本政府は2030年代半ばまでに、新車の乗用車としてのガソリン車の販売を禁止する方針を出しています。東京都はすでに、都内でのガソリン車の販売を2030年までに、二輪車は2035年までに禁止することを明言しています。

ガソリンで走る車は、近い将来、公衆電話やビデオデッキのように懐かしい過去の遺物になるかもしれません。

日本の消費者（及び自動車産業）にとってはザワつくニュースですが、欧米ではすでに脱ガソリン車は着々と進められています。

イギリスでは、2030年までにガソリン車とディーゼル車の新車販売を禁止。ハイブリッド車についても2035年までに禁止する方針を打ち出しています。

また、フランスでは２０４０年までにガソリン車とディーゼル車の新車販売を禁止にするとしています。

カナダ・ケベック州では２０３５年までにガソリン車の新車販売を禁止にするとし、アメリカ・カリフォルニア州では、２０３５年までにガソリン車とディーゼル車の新車販売を禁止するとしています。

中国でも２０３５年を目処《めど》にガソリン車の新車販売を禁止すると発表しています。

自動車メーカーも将来を見据《みす》えて、ＨＶ（ハイブリッド車）やＥＶ（電気自動車）の開発・販売にシフトしています。バイク業界も同様で、あのハーレー・ダビッドソンまでもが電気モーターで走るバイクを発売しています。

しかし、**電力も火力発電の比率が高い日本や中国では、EVのCO_2の間接排出量はガソリン車よりも多いという試算もあります。** 世界全体を見ても、エネルギー消費量における化石燃料の割合は、75％と大きく、再生可能エネルギーはわずか5％にすぎません。

消費者が、直接CO_2を排出しない「脱ガソリン車」を選ぶ一方で、産業界も脱化石燃料を進めるなど、双方《そうほう》の足並みが揃《そろ》わなければ、全体としてのCO_2削減はなかなか進まないということになります。

なぜレジ袋は有料になったの？

日本では、2020年7月から、すべての小売店に対して、プラスチック製のレジ袋の有料化が義務付けられました。その背景には、深刻なプラスチックゴミ問題があります。

プラスチックゴミの1番の問題は、自然分解に時間がかかる、ということです。生ゴミなどの有機物は、放置しておいても微生物によって分解されてしまいます。

しかし、高分子で安定した構造をもっているプラスチックは微生物には分解できません。光分解《ひかりぶんかい》や熱酸化《ねつさんか》によってゆっくりと分解されるわけですが、それには400年以上の年月が必要だと言われています。

いま、プラスチックゴミが注目されているのは、海洋汚染の問題です。毎年、世界全体で800万トンのプラスチックゴミが海に溜《た》まり続けていて、このまま続けば2050年には海の魚の総重量を上回ると試算されています。

海に溜まったプラスチックゴミは、劣化《れっか》して細《こま》かく砕《くだ》かれ、ごく小さなマイクロプラスチックになります。

2018年、ある研究グループの調査により世界の食塩の9割からマイクロプラスチックが検出されたという衝撃的な事実が報告されました。マイクロプラスチックは、もう私たちの食卓にまで来ているということなのです。

こうした現実を前にして、脱石油・脱プラスチックがいま、世界の主流になっています。欧米ではすでに、プラスチックを捨てない、から、プラスチックを使わないことが主流になりつつあります。2010年代半ばからすでに、レジ袋有料化や禁止条例が始まっていますし、スターバックスをはじめ多くの企業が、プラスチックストローをやめて紙ストローを使用することを表明しています。

レジ袋有料化が実現して、日本でもようやく世界に追いついた、ということになります。日本では、1人当たり年間450枚のレジ袋を使っていたと言われ、有料化によってこの量が大幅に減ることが期待されています。

しかし、**レジ袋有料化が海洋ゴミ問題解決に直接寄与《きよ》するのかというと、そういうわけではありません。**

環境省の調査によれば（2018年）、全国各地に漂着したプラスチックの海洋ゴミの容積のうちレジ袋（ポリ袋）が占める割合はわずか0・3％だそうです。ペットボトル（12・7％）などと比較するとごくわずかといっていい量です。仮にレジ袋がまったくゼロになったとしても、それだけでは海洋ゴミの0・3％分しか削減できないのです。

レジ袋有料化で期待されるのは、直接の効果よりも、意識を変えることだといわれています。

軽くて丈夫なプラスチックは便利なものですが、廃棄したその後の行き先まで考えて、必要な時以外は使わないようにする。いままで当たり前に使っていたものを本当に必要かどうか考える。

なるべくゴミを出さないようにする。そうした意識を普段から多くの人がもつようになることが、まずは期待できる大きな効果なのです。

また、こうしたプラスチックゴミ問題に関しては、最新のテクノロジーによって、プラスチックに代わる〝土に還《かえ》る〟素材の研究が進められています。インドネシアに拠点を置くスタートアップ企業イーヴォウェア社は、海藻を原料にした食べられる包装材を開発。インドのエンヴィグリーン社は、ジャガイモ、トウモロコシ、バナナなどの植物を主原料とした1日で溶けてなくなるレジ袋を開発しました。

また、オランダのアヴァンティウム社は、植物性の材料のみを使用したペットボトルを開発しました。原材料には、環境に配慮した方法で栽培されたトウモロコシや小麦などから抽出した砂糖を使用しています。このペットボトルは炭酸飲料にも使用することができ、たとえポイ捨てされたとしても、1年で微生物によって分解され土に還るのだそうです。もちろん、だからといってポイ捨てしてよいというわけではないのですが。

将来は、コカ・コーラやダノン・ヨーグルト、カールスバーグビールなどが、この容器を使用する可能性があるそうです。

埋まらない日本のジェンダー格差

ＳＤＧｓの17の目標の中でも、「目標５：ジェンダー平等を実現しよう」は、人類誰もが当事者であるという、最も身近な課題の１つと言えるでしょう。とくに日本では、政界の要人《ようじん》による差別的な発言が相次《あいつ》いでいるように、まだまだジェンダー平等が浸透《しんとう》しているとは言い難《がた》い状況です。世界経済フォーラムが毎年公表しているジェンダーギャップ指数も、日本は１５６か国中１２０位と不名誉な順位となっています（75ページの表参照）。日本の衆議院議員に占める女性の割合は９・９％、上場企業の女性社長はわずか１％という数字を見ても、こうした評価は妥当《だとう》だと言わざるを得ないでしょう。

日本では１９８６年に男女雇用機会均等法《だんじょこようきかいきんとうほう》が施行《しこう》され、２０１６年に女性《じょせい》活躍推進法《かつやくすいしんほう》が導入されていますが、実際に社会の中で女性が男性と同じように〝活躍〟できているというわけではありません。

もちろん、ジェンダー平等は日本だけではなく、世界でもまだまだ未解決の課題です。

ただし、日本では働く環境や条件の問題として主に捉《とら》えられがちですが、欧米では、女性の権利や尊厳《そんげん》の問題として捉えられていることは、〝#MeToo〟運動の盛り上がりを見てもよくわかります。

雑誌『日経WOMAN』と日本経済新聞社グループの「日経ウーマノミクス・プロジェクト」は、「企業の女性活躍度調査」を実施し、毎年「女性が活躍する会社BEST100」を発表しています。2020年版は日本IBMが1位になっています。

日本IBMでは、1960年代から男女同一賃金を実現し、ジェンダー平等を推進してきました。育児や介護を抱える女性が働きやすいように、1999年には在宅勤務を導入。多様な働き方を選択できるように、短時間勤務を導入するなど、制度面の整備も進んでいます。

しかし、すべての企業がこのような高い意識をもっているわけではないというのが現状です。

日本ＩＢＭのように女性が活躍できる企業というイメージが浸透すれば、就活市場で優秀な女性社員を集めることができるでしょう。

しかし、残念ながらそもそも理系の大学へ進む女性が少ないという現実があります。高校から理学部へ進学する女性は27・8％、工学部は15・7％です。これは、女性はそもそも理系科目が苦手だから、ではなく、女性の場合、親が理系へ進むことを望まない、という世代による差別があるのです。

こうした現実を変えようと、女子中高生を対象にプログラミング講義を行なうなど、理系の道に進む女性を支援する一般社団法人Waffleのような団体もあります。

6章

SDGsの成熟で変わる未来のライフスタイル

日本政府が提唱するSociety5.0って?

ＳＤＧｓが期限とする２０３０年まであと10年となった２０２０年、国連は、もっとペースを上げて本気で取り組まないと達成は難しい、という意味で、そこからの10年を「行動の10年」と宣言しました。同じ頃、世界を新型コロナウイルスが襲《おそ》い、人々の生活や経済に大きな影響を与えました。行動の10年は、ポストコロナの始まりとなったわけです。

そして、これを機会と捉《とら》え、これからの新しいライフスタイル＝ニューノーマルを誰もが模索《もさく》し始めました。

「Society5.0」という言葉を聞いたことがあるでしょうか。内閣府が「第５期科学技術基本計画」の中で提唱《ていしょう》した概念です。ＳＤＧｓアクションプランや経団連《けいだんれん》の企業行動憲章《けんしょう》の中でも大きく扱われています。

「Society5.0」とは、社会発展の歴史における5番目の新しい社会。狩猟《しゅりょう》社会（Society1.0）、農耕社会（Society2.0）、工業社会（Society3.0）、そしていま

Society5.0で実現する社会

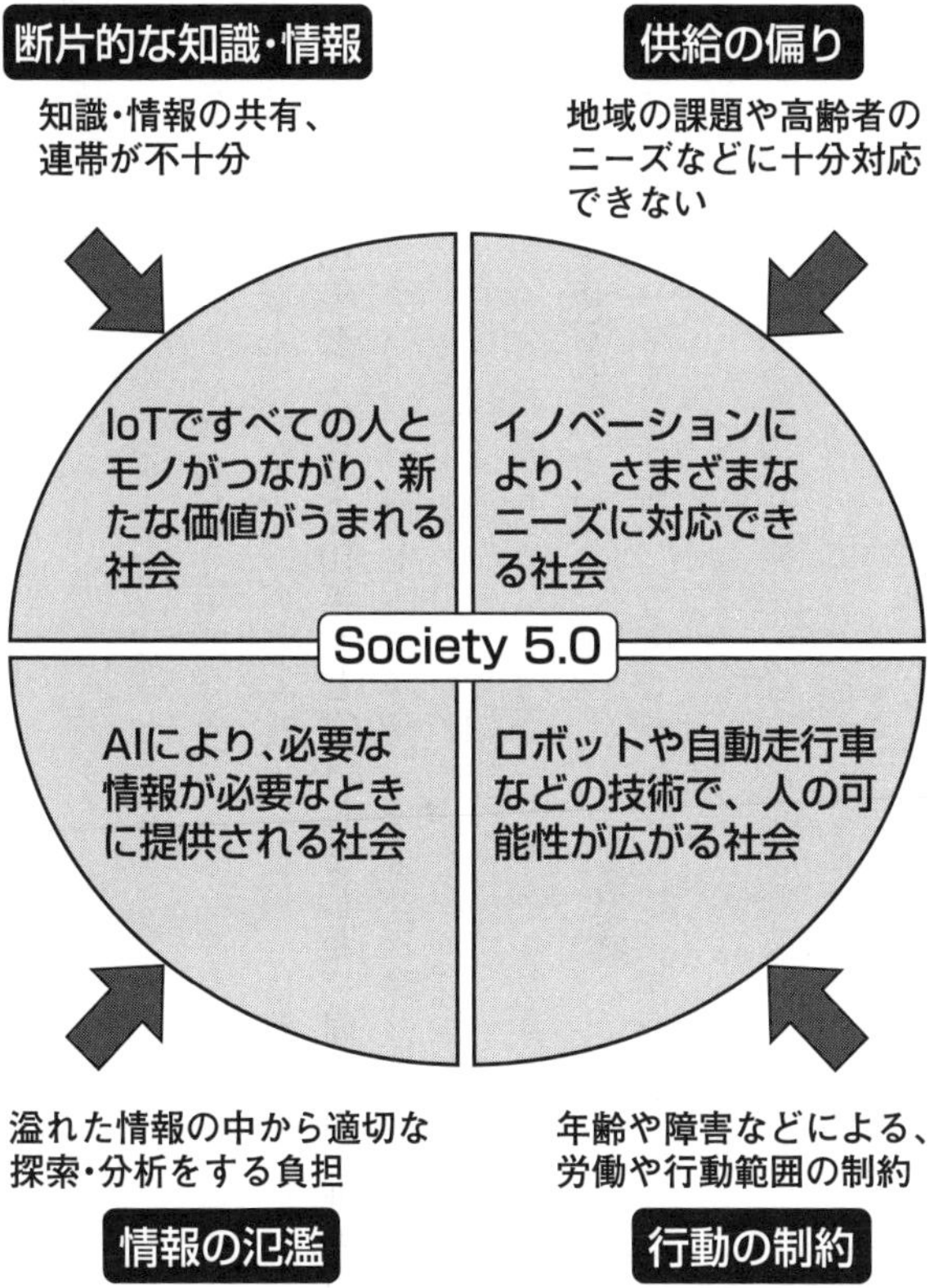
断片的な知識・情報
知識・情報の共有、連帯が不十分
供給の偏り
地域の課題や高齢者のニーズなどに十分対応できない
IoTですべての人とモノがつながり、新たな価値がうまれる社会
イノベーションにより、さまざまなニーズに対応できる社会
Society 5.0
AIにより、必要な情報が必要なときに提供される社会
ロボットや自動走行車などの技術で、人の可能性が広がる社会
溢れた情報の中から適切な探索・分析をする負担
情報の氾濫
年齢や障害などによる、労働や行動範囲の制約
行動の制約

出典：内閣府「Society5.0で実現する社会」の図版を基に作成

が情報社会（Society4.0）と位置付けます。

Society5.0はさらにその先、ＩｏＴ（モノのインターネット化）、ＡＩ、ロボット、ビッグデータ解析《かいせき》など高度に進化したテクノロジーによって、さまざまな課題を解決し、経済発展を実現する社会。テクノロジーがもたらす、人間中心の社会を表しています。

たとえば、情報社会（Society4.0）では、人々は大量のデータをサイバー空間に蓄積《ちくせき》して（クラウド・コンピューティング）、必要な時に必要な場所で情報を入手することで便利で快適な暮らしを実現しています。

Society5.0では、さらに進んで、センサーが膨大《ぼうだい》な情報を収集し、サイバー空間でビッグデータとして共有・分析し、ＡＩによって新たな付加価値に変換していくことができるようになります。すでに実用化目前の自動走行技術などが、象徴的でしょう。

もちろん、これはあくまで政府が目指す理想の未来社会像なので、楽観的に描かれているぶんは割り引いておく必要があるでしょう。なんでも科学技術が解決してくれるというわけにはいかないはずです。

それでも、科学技術の進化は、多くの人々の予測を超える速度で進んでいることはたしかで、いままでなかなか進まなかった社会課題への取り組みが、一気にスピードアップするかもしれません。

もしもＳＤＧｓの達成のために、私たちが暮らし方や働き方の概念を大きく変える必要があるなら、最新のテクノロジーが〝一役買《ひとやく》う〟可能性は大いにあるのです。

たとえば、コロナ禍《か》をきっかけに在宅ワークの快適さを知った人も多いでしょう。通勤にかかる時間を節約でき、快適な環境で仕事ができ、家族と過ごす時間も増やすことができます。ＳＤＧｓの「目標８：働きがいも、経済成長も」を実現しているわけです。こうしたライフスタイルも、インターネットというテクノロジーを利用することで実現することができます。

テクノロジーを駆使した農業とは

ＳＤＧｓの目標達成に向けて、これからはいま以上に最新のテクノロジーが導入されるでしょう。もうすでに始まっているものもあります。

たとえば、**ロボットやICT（情報通信技術）を活用したスマート農業**。いままで人の手で行なってきた農薬散布《さんぷ》や収穫作業を、ドローンや自動収穫ロボットなどに任せることで、大幅な省力化が実現します。

また、AIによって最適なタイミングを判断して収穫すれば、商品価値も上がり、より高く売れます。

こうした方法で、より少ない労力でより多くの収入を得ることができれば、途上国で子どもを農場で働かせることもなくなり、生活の質も向上するかもしれません。

また、必要な生産量を正確に管理できれば、無駄がなくなり食品ロスを減らすことができるでしょう。

このようなスマート農業はすでに日本でも全国約150か所で実証プログラムが始まっていて、本格的な実用化を目指しています。また、世界で最もスマート農業が進んでいる国の1つであるオランダでは、約8割の農家がコンピューターによって肥料《ひりょう》や給水を自動制御《せいぎょ》しています。24時間体制で適切な環境を維持できるので、病気や害虫《がいちゅう》とも無縁《むえん》で、農薬もほとんど使うことがないそうです。

オランダの国土面積は、日本の九州とほぼ同じ。痩《や》せた土地も多く冬の日照時間が少ないなど、必ずしも農業に適した国とはいえません。にもかかわらず、農作物の輸出額はアメリカに次いで世界2位となっています。

電力を合理的に分配する仕組み

CO_2排出量削減にも貢献する**スマートグリッド**も、SDGsを推進するSociety5.0の取り組みの1つです。

スマートグリッドとは、一言で言えば、**IT技術を活用して電力の供給を自動制御するシステム**です。

通常、電力は発電所でつくられ、送電システムを通して各家庭や事業所に送電されます。

スマートグリッドは、こうした〝一方的に送られてくる〟電力に頼らずに地域内の太陽光発電や風力発電など分散する電源を双方向ネットワークで結んで無駄なく融通《ゆうずう》し合う仕組みです。

そのために、天候などの影響を受けにくいように電力貯蔵《ちょぞう》システムを備え、各家庭の「スマートメーター」で電力の使用状況を可視化し、コントロールセンターでエネルギーを一元《いちげん》管理して効率的に分配するなど、IT技術を駆《く》使《し》したネットワークを構築します。電力の地産地消《ちさんちしょう》というわけです。

この仕組みにより、小規模な再生可能エネルギーを有効に活用し、CO_2排出量を削減することができます。

また、発電所からの電力が届きにくい離島などでも導入が進んでいて、ハワイやガラパゴスなどすでに実用化されている地域もあります。

医療サービスがどこでも受けられる

少子高齢化が進むこれからの社会では、医療のＩＴ化も推進が期待される分野です。

オンラインで遠隔《えんかく》診療が可能になり、ドローンで医薬品を届けることができれば、高齢などの理由で通院が難しい人にも充実した医療サービスが提供できます。また、医療サービスを受けやすいという理由で都心に住居を移さなくても、住みなれた土地で暮らせるという利点も生まれてくるでしょう。

医療の現場では、錠剤型《じょうざいがた》の小型カプセルにセンサーや手術ロボットを組み込んで経口《けいこう》で体内に入れることで、患者の負担の少ない検査や手術が可能になるかもしれません。

介護の現場では、ＡＩを搭載したロボットが活躍して力仕事を受け持ったり、時には高齢者の方の話し相手になったりと、介護従事者の負担を軽減することが可能になるでしょう。

教育機会の格差を是正

通信インフラが整備されることで、**教育にかかる負担が軽減**されるかもしれません。途上国では高校や大学などの教育機関が大都市にしかない、あるいは大学の数そのものが少ない、など、教育機会の不平等という課題がありました。

オンライン授業により、どこでも授業を受けることができるようになれば、誰もが適切で充実した教育を受けることができるようになります。女性の就学率が上がるかもしれません。

またVRなどのヴァーチャル技術を駆使すれば、より理解しやすい体験型授業や、さまざまな現場の見学体験なども可能になります。

環境に左右されない新しい働き方

Society5.0で働き方も変わるでしょう。コロナ禍で普及《ふきゅう》した在宅勤務ではいつでも自分の好きな場所で働けるという自由を手にすることができますが、同時に、離れていてもつながれる、という利点もあります。いままでは交流が難しいとされていた海外や遠隔地と通信を介して密なコミュニケーションをとることも可能となったことで、新しいビジネスのヒントが生まれるかもしれません。

これは職業選択の幅が広がることでダイバーシティへのアプローチにもなり、また、海外や遠隔地と容易に関係を築くことができるということでは目標17のパートナーシップの実践にもつながります。

コロナがSDGsに与えた影響は？

2020年は、SDGsの目標達成期限まであと10年と迫った年であると同時に、新型コロナウイルス、パンデミックの年でもありました。

全世界で多くの人命が失われ、人類はかつてないほどの危機的状況を経験しています。

2021年となったいまでも、状況はさほど好転しているようには見えず、今後のワクチン接種の効果を、世界中が固唾《かたず》を飲んで見守っているという状況です。

このコロナ禍は、ＳＤＧｓの進捗《しんちょく》にも当然のことながら、大きな影響を及ぼしています。そのことは、２０２０年版のＳＤＧｓ報告書でも言及《げんきゅう》されています。17の目標個々の影響については、２章の各進捗状況のところで少し触れています。

貧困や飢餓《きが》のように、直接的にコロナの影響を受けて、進捗が後退したものもあります。

また、在宅ワークが増えたことによって、ドメスティックバイオレンスが増え、弱者である女性や子どもの被害が増大したという間接的な影響もありました。

反対に、経済活動が停滞したことによって、大気汚染や自然へのネガティブインパクトは減少した、という報告もあります。

しかし、コロナウイルスによるＳＤＧｓへの影響で、ある意味最も大きかったのは、通勤（あるいはその後の〝接待を伴う飲食〟なども含めて）を控《ひか》えて家で過ごすことが多くなったために、いままでルーティンだった暮らし方、働き方を、改めて考え直す機会ができたことではないでしょうか。

その結果、一人ひとりがサステナブルに暮らすということ、サステナブルに働くということはどういうことなのか。それを実現するには、どうしたら良いのかを、以前より少しだけ真剣に考えるようになったという人が多かったようです。

コロナ禍《か》後はきっと、コロナ以前よりＳＤＧｓへの意識が高い社会になる、「サステナブル」という価値観がますます大切になるはずです。

●参考文献

『ＳＤＧｓ――危機の時代の羅針盤』南博／稲場雅紀（岩波新書）
『ＳＤＧｓ（持続可能な開発目標）』蟹江憲史（中公新書）
『ＳＤＧｓ入門』村上芽／渡辺珠子（日経文庫）
『60分でわかる！ＳＤＧｓ 超入門』バウンド（技術評論社）
『地図とデータで見るＳＤＧｓの世界ハンドブック』イヴェット・ヴェレ／ポール・アルヌー（原書房）
『Weの市民革命』佐久間裕美子（朝日出版社）

KAWADE
夢文庫

一番わかりやすい!
SDGsのざっくり知識

二〇二一年五月三〇日　初版発行

著　者……国際時事アナリスツ[編]
企画・編集……夢の設計社
東京都新宿区山吹町二六一〒162-0801
☎〇三―三二六七―七八五一(編集)
発行者……小野寺優
発行所……河出書房新社
東京都渋谷区千駄ヶ谷二―三二―二〒151-0051
☎〇三―三四〇四―一二〇一(営業)
http://www.kawade.co.jp/
装　幀……こやまたかこ
印刷・製本……中央精版印刷株式会社
DTP……株式会社翔美アート
Printed in Japan ISBN978-4-309-48564-5